MAMWLAD

Mamwlad

Beryl H. Griffiths

Argraffiad cyntaf: 2016

ⓗ Beryl H. Griffiths / Gwasg Carreg Gwalch

Cyhoeddir gan Wasg Carreg Gwalch,
12 Iard yr Orsaf, Llanrwst, Conwy, LL26 0EH.
Ffôn: 01492 642031 Ffacs: 01492 641502
e-bost: llyfrau@carreg-gwalch.com
lle ar y we: www.carreg-gwalch.com

Rhif rhyngwladol: 978–1-84527-535-8

Mae'r cyhoeddwr yn cydnabod cefnogaeth ariannol
Cyngor Llyfrau Cymru

Cynllun clawr: Eleri Owen

Hoffwn gyflwyno'r gyfrol er cof am
y ddwy fam fu'n gymaint o gefn i mi,
Elisabeth Jones a Melda Griffiths

Hefyd, cyflwynir y gyfrol hon er cof am
Sian Pari Huws, a fu'n gysylltiedig â'r gyfrol hon
cyn ei marwolaeth y llynedd. Hi yw awdur y bennod
ar hanes Margaret Haig Thomas.

Ar hyd ei gyrfa bu Sian Pari Huws yn ei helfen yn
rhoi sylw i orchestion merched. O ddyddiau cyfres
Lipstics, Britfics a Sane Silc Du *ar Radio Cymru,*
oedd yn rhoi sylw i straeon merched y dydd,
i'w rhaglen ddogfen Merch y Gadair Ddur
a'i gwaith trylwyr yn ymchwilio i Mamwlad,
roedd tynnu sylw at gampau merched
yn rhoi gwefr iddi. Mor addas felly yw
cyflwyno'r llyfr hwn er cof am Sian.

Diolch i'r canlynol am eu cymorth parod
wrth lunio'r gyfrol hon:

Ffion Hague

Catrin Evans, Llinos Wynne, Fiona Emanuel a
Rhian Moses o gwmni Tinopolis

a'r arbenigwyr a gyfrannodd at dair cyfres *Mamwlad*

CYNNWYS DIGIDOL I FUSNES
DIGITAL CONTENT FOR BUSINESS

Atgynhyrchwyd rhai lluniau, gan
gynnwys llun y clawr, drwy
garedigrwydd cynllun DigiDo
Llyfrgell Genedlaethol Cymru

Cynnwys

Rhagair

Ers 2011, rydw i wedi cael y fraint o gyflwyno'r gyfres hanes merched *Mamwlad* ar S4C, a thros gyfnod o bum mlynedd rydyn ni wedi llunio portreadau o 19 o fenywod hynod sy wedi gadael eu marc ar hanes Cymru. Ganwyd y syniad o argyhoeddiad oes mai trwy astudio bywydau unigol mae deall hanes orau, ac mae negeseuon pwysig i'w cael o astudio campau benywaidd. Dyma fwrw ati felly i lunio cyfres sy'n disgrifio bywydau arloesol menywod Cymru, hanesion sy'n dangos bod modd herio disgwyliade pobl eraill a mynnu hawliau, boed hynny'n hawl i gael addysg, rhyddid neu bleidlais. Roedd y gyfres gyntaf yn canolbwyntio ar fenywod arloesol, y cyntaf yn eu meysydd. Roedd rhai, fel Cranogwen a'r chwiorydd Davies, yn fywydau anghyfarwydd ac eraill, fel Kate Roberts a Laura Ashley, yn ffigurau mwy adnabyddus, efallai. Gyda'r rheini, fe geison ni edrych ar eu bywydau o ongl ychydig yn wahanol: Kate fel gwraig fusnes a pherchennog Gwasg Gee a Laura y dylunydd a'r wraig fusnes o Ferthyr.

Wedi i'r gyfres gael ei darlledu yn 2011, daeth toreth o enwau i law oddi wrth wylwyr y gyfres, testunau gwych bob un. Dyma lunio ail gyfres, gyda rhai storïau'n apelio oherwydd bod 'na ddirgelwch ynglŷn â nhw – ymhle roedd Gwen John wedi'i chladdu, tybed? Ac yn wir, rhaid oedd gwneud ail raglen amdani wrth i'r stori symud yn ei blaen. A phwy wyddai fod llun eiconig Catrin o Ferain wedi bod yn rhan o gasgliad celf y Natsïaid?

Eleni, bydd y drydedd gyfres yn cael ei darlledu. Y tro

yma, ry'n ni wedi mentro i faes newydd meddygaeth gyda Frances Hoggan, y Brydeines gyntaf i raddio mewn meddygaeth yn Ewrop, a stori anturus Betsi Cadwaladr, nyrs y Crimea. Mae'r hanesion eraill yn y gyfres yn mynd â ni o Oes y Tywysogion gyda'r Dywysoges Gwenllïan, hyd at yr ugeinfed ganrif a Jennie Eirian, gwraig oedd yn rhan fawr o fywyd cyhoeddus Cymru o'r pum degau ymlaen, a'r rhaglenni oll yn dangos pa mor benderfynol a pha mor gryf y gall menywod Cymru fod.

Mae'r hyn a ddechreuodd fel cyfle i rannu straeon diddorol am ferched Cymru bellach wedi troi'n grwsâd i ni fel tîm cynhyrchu *Mamwlad*, a'n nod yw rhoi ar gadw hanesion am ddewrder menywod Cymru, eu talentau a'u campau ac, yn bennaf oll, eu gwreiddioldeb. A dyma gyfrol i gyd-fynd â'r gyfres. Bydd y llyfr yn cwmpasu detholiad o straeon mwyaf cofiadwy a phersonoliaethau mwyaf lliwgar cyfresi *Mamwlad* ac yn cynnwys ychydig rhagor o wybodaeth nad oedd yn bosibl ei gynnwys mewn rhaglen hanner awr.

Pwrpas sylfaenol *Mamwlad* yw cofio ac ysbrydoli. Mae pob un o destunau rhaglenni Mamwlad wedi gwneud cyfraniad pwysig i hanes Cymru, ac wedi gwneud hynny yn erbyn disgwyliadau cymdeithas. Maen nhw wedi gorfod torri cwys newydd ac mae maint y gamp gymaint yn fwy o'r herwydd. Erbyn hyn rydyn ni mewn perygl o anghofio rhai o'r hanesion hyn: rhoi'r straeon yma ar gof a chadw nawr yw'r ffordd orau oll o ysbrydoli'r genhedlaeth nesaf o ferched ifanc Cymru.

Mwynhewch y gyfrol!

Ffion Hague, Mawrth 2016

Pennod 1

Elizabeth Davis
(Betsi Cadwaladr)
1789–1860

Mae enw Betsi Cadwaladr yn un cyfarwydd iawn erbyn heddiw, ond tybed faint o bobl sy'n gwybod yn union at bwy y mae'r enw yn cyfeirio a pham bod enw merch o'r Bala wedi ei ddewis ar gyfer Bwrdd Iechyd Gogledd Cymru? Yr ateb syml yw y bu hi'n nyrs yn Rhyfel y Crimea ganrif a hanner a mwy yn ôl – ond roedd llawer mwy i hanes y ferch anturus, anghonfensiynol a chryf yma oedd yn barod i herio unrhyw awdurdod.

Prin oedd y sôn am Betsi am flynyddoedd, hyd yn oed mewn ysgolion lleol:

> Bryd hynny doedd 'na ddim llawer o sôn amdani, a hyd yn oed pan oedden ni yn dysgu am Florence Nightingale doedden ni ddim yn cael ein dysgu am Betsi Cadwaladr hyd yn oed yn y cyswllt hwnnw.
>
> Mari Jones Williams, golygydd papur *Y Cyfnod*

Ond i'r rhai â diddordeb mae hanes Betsi ar gael ers amser maith. Yn 1857 cyhoeddwyd *An Autobiography of*

11

Betsi Cadwaladr

Elizabeth Davis, Betsy Cadwaladyr: A Balaclava Nurse mewn dwy gyfrol gan yr awdures Jane Williams (Ysgafell) oedd wedi ei geni yn Llundain ond wedi treulio llawer o'i hamser yn Neuadd Felen, ger Talgarth, Aberhonddu, a meithrin llawer o'r un diddordebau ag Augusta Hall, testun pennod arall yn y llyfr hwn.

Yr hyn a geir yn yr hunangofiant yw cofnod, yn Saesneg, gan Jane Williams o atgofion Betsi. Doedd gan Betsi ddim cofnodion ar bapur o'i hanes ac roedd hynny'n peri poendod mawr i Jane Williams gan ei bod yn dymuno profi'r hyn oedd yn cael ei ddweud. Ychwanegodd droednodiadau ac atodiadau i gadarnhau cymaint o'r ffeithiau ag oedd yn bosibl. Mae'n debyg mai un o'i phrif gymhellion dros gyhoeddi, fel mae'r teitl yn awgrymu, oedd bod Betsi wedi bod yn Balaclava, tref fach yn y Crimea a ddaeth i amlygrwydd mawr oherwydd y brwydro ffyrnig fu o'i chwmpas, ac yn gallu cofnodi ei phrofiadau a'i barn – oedd yn groyw iawn – am y ffordd yr oedd y milwyr yn cael eu trin yno. Yn sicr, mae'r llyfr yn gwneud hynny, a llawer mwy, gan olrhain anturiaethau Betsi trwy gydol ei hoes. Ond, ac mae hwn yn ond mawr, mae rhai diffygion yn y gyfrol, fel tuedd Betsi i ddefnyddio dim ond llythyren gyntaf cyfenwau'r bobl roedd hi'n ymwneud â nhw, ansicrwydd am ffeithiau sylfaenol a blynyddoedd, a thuedd weithiau i orliwio'r stori (ond fedrwn ni ddim profi fel arall chwaith, wrth gwrs).

Am rai pethau mae'n ymddangos bod ei chof yn eitha dibynadwy; am bethau eraill, mae problemau gyda'i chof dwi'n credu!

Gwyneth Tyson Roberts,
cofiannydd Jane Williams, Ysgafell

Fe allwn ddweud, yn bendant, mai magwraeth Gymreig iawn gafodd Betsi yn y Bala. Roedd hi'n ferch i Dafydd Cadwaladr, un o Langwm yn wreiddiol, ond a aeth i weithio ar ffermydd yn ardal y Bala yn 17 oed. Ymhlith y ffermydd hynny roedd y Fedwarian, a'r ffermwr yno, William Evans, yn bregethwr gyda'r Methodistiaid. Erbyn i Dafydd briodi Judith Humphrey, merch Humphrey Erasmus, yn 25 oed roedd wedi cael tyddyn Pen Rhiw i'w ffermio ac yno y magodd y ddau eu teulu. Prin bod unrhyw fferm ag enw mwy addas – mae Pen Rhiw ar ben y rhiw serth sy'n arwain o dre'r Bala i gyfeiriad Trawsfynydd.

Cyrhaeddodd Dafydd Cadwaladr ardal y Bala mewn cyfnod pwysig iawn yn ei hanes. Roedd Methodistiaeth yn prysur gryfhau ei gafael a mwyfwy o'r trigolion yn dilyn y seiat a'r pregethwyr Methodistaidd ond eto'n mynd i'r eglwys sefydledig i gael y cymun. Roedd Dafydd Cadwaladr yng nghanol y berw hwnnw. Daeth yn un o arweinwyr y mudiad ac yn 28 oed dechreuodd bregethu. Byddai'n teithio'r wlad, ar droed bob amser, a'i sêl dros yr achos yn drawiadol fel y gwelir yn ei 'Gyfamod' angerddol a gyhoeddwyd yn ei gofiant lle mae'n 'rhoddi fy hun yn eiddo i'r Arglwydd dros byth.'

Ar aelwyd yn arddel y syniadau

Llechen ar dalcen Pen Rhiw

yma y ganed Elizabeth Cadwaladr, Betsi, yng ngwanwyn 1789 – aelwyd grefyddol iawn ac egwyddorion caeth yn cael eu meithrin a'u goruchwylio yn ofalus gan Dafydd Cadwaladr.

Mae'n werth nodi wrth basio, gan ein bod yn gallu profi hynny, mai yn yr eglwys sefydledig yn Llanycil y cafodd Betsi ei bedyddio, ar 26 Mai 1789. Er chwilio yn ofalus trwy'r gofrestr dim ond cofnod o fedyddio dau frawd iddi sydd ar gael yn Llanycil, sef David yn 1785 a John yn 1786, a hynny er ein bod yn gwybod bod ganddi o leiaf bedair chwaer: Mary, Gwenllian, Sarah a Bridget. Awgryma hyn eu bod nhw wedi eu bedyddio yn rhywle arall, neu bod y cofnodion ar goll. Yn wir, mae Betsi yn honni yn yr hunangofiant ei bod yn un o 16 o blant i gyd, ond, wrth gwrs, allwn ni ddim profi hynny bellach. Yng nghofiant ei thad, ar y llaw arall, nodir yn glir ei fod yn dad i naw o blant, pedwar bachgen a phump o ferched, ac mai dim ond y merched wnaeth ei oroesi.

Beth bynnag am y ffeithiau, mae disgrifiad Betsi o'i magwraeth ar dyddyn Pen Rhiw yn fyw iawn. Mae'n amlwg ei bod yn edmygu ei thad yn fawr ac roedd hi a'i mam yn arbennig o agos, ac felly hefyd Betsi a'r brawd agosaf ati o ran oedran, sef John mae'n debyg. Mae'n sôn hefyd am ei chwiorydd iau, oedd yn ei hedmygu hi'n fawr. O ran gweddill ei

Carreg fedd Dafydd Cadwaladr

theulu fe ddywed; 'I had no particular concern about the other members of the family', ac mae'n cyfaddef nad oedd yn adnabod ei brodyr hynaf gan eu bod wedi gadael yr aelwyd cyn iddi hi gael ei geni. Mae awgrym nad oedd yn adnabod ei chwiorydd i gyd chwaith.

Daw'n amlwg fod tuedd bwdlyd yn Betsi a'i bod, pan fyddai rhywun yn ei thramgwyddo, yn mynd i sorri ar ei phen ei hun. Mae ogofâu i'w gweld hyd heddiw yn y caeau oedd yn rhan o Ben Rhiw a byddai Betsi'n treulio llawer o'i hamser yno, lle byddai'n dychmygu golygfeydd hynod, megis coeden fawr a'r dail i gyd ar ei brig a chnau anferth arni. Pan welodd hi goeden balmwydd yn ddiweddarach yn ei hoes roedd yn hollol sicr mai dyna yr oedd hi wedi ei weld yn yr ogof yn y Bala!

Bu un o'r ogofâu hyn yn guddfan i Betsi hefyd pan fu ei mam farw a hithau tua 5 oed, medde hi, (ond yn ôl cofrestri Llanycil, ar 10 Chwefror 1800 y claddwyd ei mam, felly byddai'n 10 oed). Fedrai hi ddim dioddef meddwl bod yn y tŷ a'i mam yn gorwedd yn farw yno – a dweud y gwir roedd hi'n dymuno marw ei hun, ond trwy ryw rym rhyfedd bu i'r Parch. Thomas Charles, yn ôl Betsi, lwyddo i'w hatal.

Roedd Thomas Charles wedi ymsefydlu yn y Bala ers 1783 ac yn ffrindiau mawr â Dafydd Cadwaladr. Byddai Betsi'n mynd i'r un ysgol â'i blant, ac yn yr ysgol honno cawn awgrym o natur danllyd Betsi. Mae'n cyfaddef ei hun ei bod yn un dda am ddysgu ac yn hoff o ddysgu, ond doedd hi a'r athro ysgrifennu ddim yn cyd-dynnu o gwbl ac fe ffrwydrodd pethau un diwrnod pan gafodd Betsi ddigon arno yn pigo arni bob munud a 'blotio' ei llyfr yn fwriadol. Gwylltiodd yr athro gymaint nes iddo daflu ei gansen ati. Roedd ymateb Betsi yn wahanol i ferched bach da, ufudd – taflodd y gansen yn ôl ato. Dro arall roedd yr un athro wedi cau Betsi yn y seler lo am ryw gamwedd a chan nad oedd hi'n difaru dim fe'i gadawyd yno. Y noson honno cynhaliwyd cyfarfod crefyddol yn yr adeilad ac amharwyd arno pan glywyd sŵn canu'n dod o'r seler. Roedd Betsi'n dal yno, yn ceisio ymuno yn y canu, ond pan aeth rhywun i'w rhyddhau fe fynnodd na fyddai'n mynd oddi yno oni bai bod yr athro ei hun yn dod yno i'w nôl hi. Dyma stori sy'n rhoi syniad o natur ddigyfaddawd a phenderfynol Betsi.

Mae Betsi'n pwysleisio ei bod yn fywiog a chwareus, yn dringo coed ac ati, ond yn groes iawn i egwyddorion ei thad mae'n nodi ei hoffter o ddawnsio hefyd. Dyn o'r enw Siôn Ffidl-di sy'n cael y bai ganddi am hynny. Roedd yn byw yn y Bala ac yn teithio'r wlad i chwarae alawon Cymreig, ond fentrai o byth alw heibio Dafydd Cadwaladr gan y gwyddai sut groeso fyddai iddo. Ond byddai Betsi yn galw heibio ei gartref ac fe ddysgodd y stepiau iddi i ddawnsio'r 'jig, the minuet, the hornpipe' a phob math o bethau eraill. Oherwydd ei bod yn gyfarwydd â'r holl stepiau fedrai hi ddim peidio gweiddi ar ryw wraig oedd yn dawnsio'n flêr mewn *ball* yn y Lion y gallai hi ddawnsio'n well na hi, a dringo i mewn i'r ystafell trwy'r ffenestr i wneud yr union beth hynny. Roedd gŵr dieithr yn digwydd bod yn y Bala ar y pryd ac roedd wedi gwirioni cymaint â Betsi fel iddo fynd â hi i siop teiliwr i gael dillad newydd sbon yn syth, cyn ei hebrwng yn ôl i ddawnsio. Pan ddeallodd Thomas Charles ei bod yno, fu o fawr o dro yn camu i mewn a'i gyrru adref ar ôl rhoi pryd o dafod iddi. Ond doedd hynny'n ddim o'i gymharu â'r gweir gafodd hi gan ei chwaer, Gwenllian, oedd yn gofalu am y teulu ar ôl iddyn nhw golli eu mam. Felly, er gwaethaf ei magwraeth gaeth roedd tuedd yn Betsi i fynnu tynnu'n groes. Doedd hi a'i chwaer ddim o'r un anian o gwbl, a dyna pam yr oedd hi'n falch o'r cyfle i gael mynd i weithio i Blas yn Dre yn y Bala.

Dysgodd Mrs Bridget Llwyd, gwraig i Fethodist amlwg arall a fu yn offeiriad yn yr eglwys, sef Simon Llwyd, Plas yn Dre, iddi sut i gadw tŷ, siarad Saesneg a hyd yn oed sut i ganu'r delyn deires, a bu Betsi yno am ryw bum mlynedd. Ond ar ôl iddi gytuno i aros yno am flwyddyn arall newidiodd ei meddwl yn sydyn: 'I must see something more of the world' meddai, ac i ffwrdd â hi i Gaer lle'r oedd ei modryb yn byw. Ymateb honno oedd ei gyrru'n syth am adref, gan roi arian iddi i fynd ar y goets fawr, ond mynd y ffordd arall wnaeth Betsi ac anelu am Lerpwl – dinas oedd ar ei phrifiant ar y pryd ac yn llawn bwrlwm. Roedd Lerpwl yn sicr at ddant Betsi a chafodd anturiaethau di-ri yno:

Mae 'na stori amdani yn gweld rhywun yn torri fewn i dŷ, a Betsi'n gweiddi 'Stop, thief!' ac yn medru taflu'i hunan arno fe, ei gael e lawr i'r ddaear a'i ddal e yn y fan honno nes bod 'na ddau neu dri arall yn dod i'w helpu hi. Felly roedd 'na rinweddau arbennig iawn yn Betsi pan oedd hi'n ferch ifanc yn Lerpwl 'ma.

D. Ben Rees, arbenigwr ar hanes Lerpwl

Er bod rhai yn awgrymu ei bod wedi ennill ei bywoliaeth mewn ffyrdd anfethodistaidd iawn yn Lerpwl, mae'r dystiolaeth i gyd yn awgrymu mai gweithio fel morwyn fu hi, a hynny dan y ffurf newydd ar ei henw, Elizabeth Davis, gan nad oedd Cadwaladr yn llithro oddi ar dafodau trigolion Lerpwl. Sylwer mai 'Davis' roedd hi'n ei ffafrio pan oedd yn ysgrifennu ei henw, yn hytrach na'r 'Davies' a ddefnyddir heddiw.

Ymhlith y teuluoedd y bu Betsi yn gweithio iddyn nhw yn Lerpwl roedd teulu 'Sir George B____' fel y mae hi'n ei alw yn ei hunangofiant. Daw'n amlwg bod hwn yn ddyn o gryn statws, yn hanu o Preston ac yn berchen ar diroedd eang yn yr Alban. Mae'n rhaid ei fod hefyd wedi yn treulio amser yn yr India, gan iddo briodi tywysoges oddi yno a dod â hi yn ôl i Loegr. Mae'n debyg bod y tywysog, ei brawd, wedi gwirioni â Betsi ac am ei phriodi, ond fynnai hi ddim i'w wneud ag o – dyna sydd yn yr hunangofiant, o leiaf.

Treuliodd Betsi sawl blwyddyn gyda'r teulu bonheddig yma gan gael ei dyrchafu'n brif forwyn yn y tŷ. Roedd nifer o fanteision i weithio i deulu amlwg fel hyn. Roedd hi yng nghanol digwyddiadau pwysig yn Lerpwl – er enghraifft pan oedd George Canning, a ddaeth yn brif weinidog yn ddiweddarach, yn ymladd am sedd Lerpwl yn etholiad 1812, gyda'r teulu hwn yr oedd yn lletya. Mantais arall oedd y cyfleoedd i deithio a gafodd yn eu sgil. Bu ar daith drwy'r Alban, Iwerddon a Chymru gyda nhw, gan aros yn nhai mwyaf amlwg y tair gwlad ar ei ffordd a chael profiadau na fyddai merch fach o'r Bala fyth yn disgwyl eu cael, megis gweld yr actores Sarah Siddons yn perfformio, a chymryd rhan mewn helfa fawr yn rhywle yn yr Alban. Ond yn 1814 cafodd gyfle gwych, sef teithio i Ewrop gyda'r teulu. Aeth i Sbaen, yna yn ôl i Baris ac ar 3 Mai 1814 roedd Betsi ar bont St Denis pan ddychwelodd Louis XVIII i'r ddinas. Llwyddodd i fynd i'r adloniant a gynhaliwyd i ddathlu ei ddychweliad yn St Cloud, wedi ei gwisgo fel milwr o Sbaen! Yna, parhaodd y daith i Frwsel, Trieste, Messina, Napoli ac yna yn ôl i Frwsel.

Yn ystod y dyddiau ar ôl iddyn nhw gyrraedd Brwsel ymladdwyd brwydr fawr Waterloo. Mae'n swnio'n beth rhyfedd iawn i ni, ond fel hyn mae Betsi'n disgrifio'r hyn a ddigwyddodd wedyn:

> Five days after it had been fought, we left Brussels on an excursion to visit the field. It was thickly strewn with dead bodies. Soldiers were carrying them into corners, and laying them together. Many persons were there searching among the killed for their friends.

Dipyn o 'excursion', ac mae'n amlwg bod y golygfeydd erchyll a welodd ar faes y frwydr wedi gadael eu hôl ar feddwl Betsi:

Oedd fanne yr olygfa fwya trist, angheuol, fedrwch chi feddwl amdani yn sicr ... a [chafodd] sioc bod y fyddin ddim yn darparu nyrsys.

Glenys Lloyd, awdur

Ond ymlaen yr aeth y daith – i Berlin a Fiena, Milan a Fenis ac yna i Rufain, Bologna, ac yna i fyny i Ostend a'r Hague cyn croesi'r sianel yn ôl i Plymouth, a chymerwyd pythefnos arall i gyrraedd yn ôl i Lerpwl ym mis Tachwedd 1815.

Erbyn gwanwyn 1816 roedd Betsi yn wynebu un o drasiedïau mawr ei bywyd. Roedd hi a dyn o'r enw Thomas Harris, y Capten Thomas Harris o Sir Benfro, wedi dod yn dipyn o ffrindiau cyn iddi gychwyn ar ei thaith fawr o gwmpas Ewrop, a phan ddaeth Betsi yn ei hôl mynnodd y Capten ei bod yn rhoi addewid y byddai'n ei briodi. Gwnaeth Betsi hynny a phennu dyddiad, sef 16 Mai, ar gyfer y briodas, ond ni ddywedodd air am y peth wrth neb arall. Roedd Capten Harris wedi prynu tŷ yn New James Street yn barod ar gyfer y ddau cyn hwylio ar ei long, y *Perseverance* am Fryste a Solfach. Tra oedd y Capten i ffwrdd clywodd Syr George fod ei frawd yng nghyfraith, y tywysog oedd am briodi Betsi, wedi marw, a phenderfynodd ei fod am werthu popeth a symud i India. Trefnodd i fwy na phedwar ar ddeg o'i staff fynd gyda nhw, a hynny'n cynnwys Betsi. Oherwydd eu bod ar fin cychwyn ar yr antur fawr rhyddhawyd y staff i gyd i fynd i weld eu teuluoedd – ar yr union adeg pan oedd Betsi i briodi. Ond er bod Capten Harris wedi dweud y byddai'n cyrraedd yn ôl ar y 13eg neu'r 14eg o Fai nid oedd sôn amdano, a Betsi'n mynd yn fwyfwy pryderus. Ar ddydd Llun y 15fed aeth i siop cydnabod iddi i nôl te a sylwi ar bapur newydd. Yn ôl y pennawd roedd y *Perseverance* a phawb ar ei bwrdd, ac eithrio un bachgen ifanc, wedi eu colli ar y Black Rock, craig ger New Brighton yng ngheg afon Mersi. Llewygodd Betsi yn y fan a'r lle.

Er gwaetha'r drychineb fawr yma roedd Betsi'n hollol benderfynol ei bod am fynd i India, ond clywodd ei thad am ei bwriad, a cherddodd bob cam i Lerpwl i ddweud wrth Syr George nad oedd yr un o'i thraed i fynd i'r fath le, ac fel tad ei hun fe gytunodd yntau.

Roedd Betsi felly yn ddi-waith ac ar ei phen ei hun pan ddaeth yn ôl i'r Bala yn 1816 i weld ei theulu a'i ffrindiau, ond er i Mrs Llwyd bwyso arni i aros ym Mhlas yn Dre, yn ôl i Gaer yr aeth Betsi. Cyn hir gofynnodd dyn arall iddi ei briodi – rhyw fasnachwr oedd hwn – ac roedd modryb Betsi yn fwy awyddus na Betsi ei hun ynglŷn â'r uniad. Trefnwyd pethau, ac roedden nhw ar fin priodi pan gawsant ffrae yng nghanol parc un diwrnod. Gwylltiodd Betsi, a'i wthio i lawr llethr serth. Penderfynodd ei bod am fynd i Lundain i'w osgoi.

Doedd cyrraedd Llundain ar y goets fawr heb wybod ble i fynd ddim yn syniad da iawn, ond trwy ei chysylltiadau – sef Jac Glangors a David Charles a rhywun oedd yn adnabod ei brawd, John – fe ddaeth o hyd i waith. Ar ôl cyfnod o dair blynedd yn forwyn i grydd aeth pethau'n ddrwg rhyngddi hi a'r wraig oedd yn gyfrifol am y plant yno a phenderfynodd symud i weithio i Mr Samuel Rhodes, gŵr oedd yn cadw 999 o fuchod yn Islington. Fel hyn mae Betsi yn disgrifio ei gwaith yno:

> My place was a hard one, for I had to wash, iron and mangle for five gentlemen and seven ladies, besides the house linen, and only the housemaid to help me every Monday.

Ar ben ei gwaith arferol roedd yn rhaid i Betsi hefyd ddioddef ei meistres yn dod i gael gwersi smwddio, ond y drwg oedd ei bod yn baeddu popeth y byddai'n ei gyffwrdd. Yn driw i'w natur cafodd Betsi lond bol, ac un diwrnod, pan ddaeth Mrs Rhodes i mewn i smwddio, aeth Betsi i eistedd wrth y bwrdd bwyd yn lle Mrs Rhodes gan ddweud yn glir:

I am not Elizabeth today; I am Mrs Rhodes. As she has taken my place in the laundry, I am come to take hers in the dining-room.

Disgwyliai Betsi gael y sac yn y fan a'r lle, ond nid felly y bu hi gan fod ar y teulu ofn ei cholli.

Roedd Betsi yn dal i ysu am gael gweld mwy o'r byd, ac yn niwedd 1820 daeth y cyfle. Cyflogwyd hi i ofalu am blentyn bach Capten Smith a'i wraig ar fordaith ar yr *Iris* i ynys Saint Vincent yn y Caribî. Yno y gwelodd Betsi'r coed yr oedd wedi dychmygu eu gweld yn yr ogof yn y Bala, sef coed palmwydd. Gwnaeth yn fawr o'i chyfle yn y Caribî, gan ymweld â Barbados, Trinidad, Jamaica a Martinique a chael anturiaethau rif y gwlith, ond doedd pethau ddim yn dda rhyngddi hi a gwraig y Capten, felly pan gyrhaeddodd yn ôl yn Llundain aeth i chwilio am swydd arall.

Ar long y *Denmark Hill* gyda'r Capten Foreman a'i wraig yr oedd swydd nesaf Betsi. Er nad ydi Betsi ei hun yn disgrifio'r ddau, mae disgrifiad da, er ychydig yn snobyddlyd, ohonyn nhw yn dal ar gof a chadw:

The old captain received us; he was short, square, dingy of hue with an awful squint ... his lady wife. She was tall *passée*, but by way of being dashing withal, and seeing Mr Saunders to be a handsome young man, was, I suppose calculating on him as an agreeable passenger,

so showed off after a fashion in high spirits, assisted, no
doubt by the conscious dignity and captivation of an
enormous lilac gauze toque.

The Journal of Mrs Fenton 1826–1830,
Elizabeth Fenton

Capten Foreman oedd biau'r llong a byddai'n hwylio o
borthladd i borthladd yn ôl dymuniad ei gwsmeriaid yn
cludo pobl a nwyddau. Gwaith Betsi oedd gofalu am y
teithwyr a'u holl anghenion, a hynny am fisoedd ar y tro.
Aeth eu mordaith gyntaf â nhw yr holl ffordd i Tasmania
gyda 180 o deithwyr, a'r bwriad oedd i'r daith gymryd pum
mis. Erbyn i'r llong adael Cape Verde roedd Betsi yn
gyfrifol am tua 200 o adar oedd ar fwrdd y llong hefyd.
Cyrhaeddwyd Hobart yn ddiogel, a theithiodd y llong
ymlaen wedyn i Sydney.

Treuliodd Betsi'r rhan fwyaf o'r pymtheg mlynedd nesaf
ar fwrdd y *Denmark Hill* yn teithio rhwng Awstralia,
Tsieina, India, De America a De Affrica, ac am gyfnod ym
Môr y Canoldir. Gellir olrhain nifer o'r teithiau hynny yng
nghofnodion porthladdoedd Awstralia – mae cofnod ar 3
Medi 1824 fod y *Denmark Hill* wedi cyrraedd Hobart,
Tasmania, ac Elizabeth Davis, ein Betsi ni, ymhlith y
teithwyr.

Mae disgrifiadau Betsi o'i hanturiaethau yn lliwgar iawn
– mor lliwgar weithiau fel ei bod yn anodd iawn eu credu.
Enghraifft o hyn yw ei chofnod o daith yng nghyffiniau
Singapore gyda thair gwraig o Burma oedd yn cael eu
cludo adref ar gefn eliffant heb neb yn ei arwain o gwbl,
dim ond rhywun yn sibrwd cyfarwyddiadau yn ei glust bob
bore. Peth arall sy'n drawiadol iawn yw'r ffordd y mae Betsi
yn llwyddo i ddod o hyd i Gymry – a hyd yn oed Cymry
oedd â chysylltiad â'r Bala – lle bynnag yr âi yn y byd bron.
Yn Tahiti neu Otaheite mae'n cyfarfod John Davies,

cenhadwr oedd wedi bod yn brentis yn y Bala, yna yn Paarl, De Affrica, mae'n treulio deng niwrnod yng nghwmni Evan Evans oedd wedi bod yn llyfrwerthwr ac yn athro ysgol Sul yn y Bala. Yn Calcutta cyfarfu â'r Esgob Reginald Heber oedd yn gallu dyfynnu marwnad Dafydd Cadwaladr i Thomas Charles iddi, ac yn yr India hefyd cyfarfu â gwraig o'r enw Mary Nelson, ond wnaeth yr un o'r ddwy sylweddoli am flynyddoedd eu bod yn chwiorydd!

Agwedd sy'n gyffredin i nifer o'i theithiau yw'r sylw a gâi gan ddynion – yn arbennig un dyn o'r enw Barbosa, a wnaeth bopeth o fewn ei allu i'w chael i'w briodi gan gynnwys ei chipio o Rio de Janeiro, ond methiant fu'r ymdrechion hynny i gyd. Serch hynny, mae rhyw awgrym bod Betsi'n difaru ei wrthod wrth ei adael am y tro olaf:

> When I saw his tears, and heard his pitiful voice, I felt sure that he was sincere, but having once said no, I did not like to alter.

Yn niwedd 1835 cyrhaeddodd Betsi yn ôl yn Llundain, ac yn fuan wedyn aeth i ymweld â'i chwaer, Bridget, oedd yn byw yn y ddinas. Dyna pryd y derbyniodd y newydd trist am farwolaeth ei thad dros flwyddyn ynghynt yn 1834.

Nid oedd Betsi wedi cael tâl yn ystod ei theithiau o gwbl, ond roedd wedi llwyddo i wneud ceiniog neu ddwy yn prynu a gwerthu nwyddau ei hun. Ar ôl cyrraedd Llundain fe dalwyd ei chyflog i gyd iddi ac fe benderfynodd ei fuddsoddi mewn tai – dros £1,000 i gyd. Yn anffodus, twyllwr oedd wedi gwerthu'r tai iddi ac fe gollodd ei harian bob dimai, ac ar yr un pryd fe ffraeodd hi â'r capten byr, llydan, a'i adael o a'i long am byth.

Cyfnod o gadw tŷ i wahanol bobl oedd yn wynebu Betsi wedyn, ac ni ddychwelodd i'r Bala hyd 1842 pan aeth hi a'i chwaer Bridget draw yno. Y prif beth a'i tarodd pan aeth yn

Ysbyty Guy's, Llundain

ôl oedd bod cymaint o'i chydnabod wedi eu claddu erbyn hynny, ond cafodd gyfarfod dwy arall o'i chwiorydd, Sarah, oedd yn dal i fyw ym Mhen Rhiw, a Mary, oedd wedi dod o India i fyw yng Ngherrigydrudion – yr un Mary Nelson yr oedd wedi ei chyfarfod yn India! Roedd Betsi'n gweithio i gyfreithiwr ar y pryd, 'Mr C__ H__', ac roedd yn troi am Gymru'n aml iawn. Manteisiodd Betsi ar y cyfle i gael gweld rhagor ar ei theulu a'i ffrindiau. Digon gwantan oedd iechyd ei meistr, yn anffodus, ac yn 1849 bu farw tra oedd ar ymweliad â Chaerdydd. Yn ôl ei ewyllys roedd wedi gadael popeth i Betsi a Bridget ei chwaer, ond aeth ei deulu ati i herio'r ewyllys ar unwaith, a welodd Betsi druan yr un geiniog o'r arian.

Yn y cyfnod hwn y trodd at nyrsio fel gyrfa. Aeth i weithio yn Ysbyty Guy's yn Llundain a bu yno am tua blwyddyn. Doedd swydd nyrs yn y cyfnod hwnnw ddim yn cael ei hystyried yn swydd dda o gwbl:

> Doedd 'na ddim llawer o barch a dweud y gwir i ferched oedd isio mynd yn nyrsys yn y cyfnod yna, felly roedd o'n cael ei weld fel gwaith gweddol israddol, a dweud y gwir.
>
> Dr Lynn Andrews, Adran Nyrsio Prifysgol Bangor

Ond doedd gan Betsi fawr o ddewis wrth gwrs – roedd yn rhaid iddi weithio. Ar ôl ei chyfnod yn Guy's bu'n gweithio fel nyrs breifat, a dyna pryd, mae'n debyg, y cyfarfu ag un arall o fenywod y gyfrol hon. Fel hyn mae Betsi'n disgrifio'r cyfarfyddiad:

On hearing that I was Dafydd Cadwaladyr's daughter, Lady [Hall] sent for me, spoke to me, and engaged me. I went down in August, 1851.

Mae dau reswm dros ddod i'r casgliad mai Augusta Hall sydd dan sylw yma. Yn gyntaf mae Jane Williams yn nodi ei bod wedi cyfarfod Betsi yn gynnar yn yr 1850au, a byddai unrhyw un a weithiai i Augusta Hall yn debygol iawn o gyfarfod Jane Williams; yn ail, yng nghofnod Betsi Cadwaladr yng nghofrestr nyrsys Florence Nightingale mae sôn bod Betsi yn 'well known and respected by Lady Hall of Llanover'. Ond cyfnod byr iawn a dreuliodd Betsi yn Llanofer – erbyn mis Tachwedd 1851 roedd hi'n wael iawn ac anfonwyd hi yn ôl i Lundain at ei chwaer i gael triniaeth yno. Ym mis Mawrth 1852 aeth Betsi am dro i gartref Augusta Hall yn Llundain i holi hanes y teulu, a chael gwybod bod yr Arglwyddes yn awyddus i'w chyflogi eto, ond yn ei thŷ yn Llundain y tro hwn, tra oedd y teulu yno. Erbyn mis Awst roedd y teulu wedi gadael am Gymru, a Betsi'n gorfod chwilio am waith nyrsio eto.

Roedd Betsi bob amser yn awchus am newyddion o bob rhan o'r byd ac yn 1854 fe ffrwydrodd hanesion am y frwydr fawr yn Alma i'w sylw. Roedd tensiynau wedi bod yn cynyddu yn ardal y Môr Du ers tro a Ffrainc, Prydain a Thwrci am atal Rwsia rhag meddiannu mwy o diroedd a llwybrau masnach pwysig yn yr ardal. Yr hyn oedd yn gymharol newydd am y rhyfel yma, sef rhyfel y Crimea, oedd yr holl sylw a roed iddo yn y papurau. Roedd Betsi yn

Darlun o Ryfel y Crimea

Llundain ymhlith y darllenwyr mwyaf brwd, a'i hymateb cyntaf oedd ysu i gael mynd yno. Pan holodd ei chwaer Bridget pam, ei hymateb oedd ei bod am weld beth oedd yn digwydd a gofalu am y rhai a anafwyd.

Gan fod sylw yn cael ei roi i ddigwyddiadau'r frwydr yn ôl ym Mhrydain, daeth pawb yn ymwybodol iawn o'r modd yr oedd y milwyr yn cael eu trin a'r blerwch cyffredinol wrth drin y cleifion. Byddai llawer yn cael eu trin ar faes y frwydr yn y Crimea a'r lleill yn cael eu cludo dros y môr am ddyddiau i un o ysbytai'r fyddin Brydeinig yn Scutari, ger Istanbul heddiw. Roedd pethau yn y fan honno, os bydden nhw'n llwyddo i oroesi'r daith dros y môr, mor erchyll fel y byddai llawer o'r staff yn ystyried mai mynd yno i farw yr oedden nhw.

O ganlyniad i'r adroddiadau trodd y farn gyhoeddus yn ffyrnig yn erbyn y llywodraeth a gofynnwyd i un wraig, Florence Nightingale, arwain nifer o nyrsys yno i gael gwell trefn ar bethau. Pan ddarllenodd Betsi am hynny roedd yn fwy penderfynol fyth o fynd ar y daith i'r Crimea, ond mae ei sylwadau ar y pryd yn hollol nodweddiadol ohoni:

I did not like the name of Nightingale. When I first hear a name, I am very apt to know by my feeling whether I shall like the person who bears it.

Roedd Betsi yn rhy hwyr i gael mynd gyda Florence a'r criw cyntaf o nyrsys ac roedd hynny'n anfantais fawr.

Pan gyrhaeddodd Florence yr ysbyty yn Scutari yn gynnar ym mis Tachwedd 1854 roedd tasg enfawr yn ei hwynebu ac aeth ati ag arddeliad. Roedd hi'n credu'n gryf mewn glanweithdra a rhoi bwyd addas i'r cleifion, ac yn gweld y cysylltiad amlwg rhwng yr afiechydon oedd yn lladd y cleifion a'r diffyg glanweithdra cyffredinol, y dŵr roedden nhw'n ei gael i'w yfed, yr aer roedden nhw'n ei anadlu a'r bwyd roedden nhw'n ei gael i'w fwyta. Aeth ati i ddatrys y problemau hynny i gyd, ond yn bennaf oll roedd Florence yn credu mewn rheolaeth gaeth. Ni châi neb wneud dim heb ei chaniatâd hi a byddai'n cofnodi pob manylyn yn ofalus.

Roedd Betsi'n lwcus iawn o fod wedi cael mynd o gwbl, wrth gwrs, gan fod cyfyngiad oedran i fod ar y nyrsys. Os cymerwn ni fod cofrestr Eglwys Llanycil yn gywir fe fyddai Betsi yn 65 oed yn 1854, ond nid oedd neb dros 55 i fod i gael mynd i nyrsio'r milwyr. Felly mae'n rhaid ei bod wedi dweud rhyw gelwydd bach yn rhywle, yn enwedig o weld mai 55 oed oedd hi yn ôl y cofnod yng nghofrestr nyrsys Florence Nightingale!

Anlwc Betsi oedd ei bod hi wedi ei dewis yn yr ail griw o nyrsys aeth allan i'r Crimea dan arolygaeth Mary Stanley. Roedd gwahaniaeth barn amlwg rhwng Mary a Florence, gan fod Mary yn rhoi llawer mwy o bwyslais ar ofal ysbrydol i'r cleifion na glanweithdra, a'i bod hefyd yn Gatholig. Doedd y ffaith fod pymtheg o leianod yn y criw –yn ogystal â'r naw 'lady', y 22 o nyrsys a'r tri dyn – ddim wedi helpu'r sefyllfa. Roedd Betsi wedi dechrau gweld problemau cyn cychwyn:

The clothes supplied to us were not sufficient for those who had rough and dirty work to do. Two gowns were provided, and I wore them out ...

Pan fynegodd Betsi ei bwriad i fynd i'r Crimea wrth un o'r dynion oedd yn cyd-deithio â nhw ei ymateb oedd:

My good woman, you must be either drunk or mad! You would be amongst our enemies. It would be quite presumptuous to think of such a thing. We have not the least idea of establishing a hospital in the Crimea.

Taith flin a hir oedd yn wynebu'r criw – i lawr i Folkestone, drosodd i Boulogne ac yna trwy Ffrainc ar y trên cyn mynd ar fwrdd llong ym Marseille, yr *Egyptus*. Wedi brwydro trwy stormydd mawr gwelwyd Istanbul, neu Constantinople fel y'i gelwid ar y pryd, ond cafodd y criw ar y bwrdd siom fawr – a hwythau mor awyddus i ddechrau ar eu gwaith bu'n rhaid iddynt aros ar y llong a hwylio i Therapia, ar ochr Ewrop i'r môr, yn hytrach nag ochr Asia, lle'r oedd Scutari. Wedi cryn ddadlau rhwng Mary Stanley a Florence Nightingale, mae'n ymddangos, llwyddwyd i gael y nyrsys, bob yn ychydig, i Scutari.

Pan gyrhaeddodd Betsi Scutari allwn ni ddim ond dychmygu ei rhwystredigaeth gan na chafodd ddim i'w wneud ond trwsio hen grysau o ddydd Mawrth tan ddydd Gwener ac wedi hynny, rhoi trefn ar y dillad gwelyau ynghanol storws lle'r oedd 30 tunnell, yn ôl Betsi, o ddillad gwelyau wedi eu difetha yn llwyr gan damprwydd. Fel y dywedodd Betsi: 'I never was allowed to visit any of the wards.' Datganodd Betsi yn ddigon clir ei bod hi naill ai yn cael mynd i'r Crimea i wneud rhywbeth, neu byddai'n mynd adref. Erbyn y dydd Llun canlynol roedd Florence Nightingale ei hun wedi gofyn am gael ei gweld. Roedd hwn yn mynd i fod yn dipyn o gyfarfyddiad:

Cerflun o Florence Nightingale

> I would have loved to have been a fly on the wall because they took an absolute instant dislike to each other. They were both formidable women and neither was going to give ground to each other, and when Betsi realised that Nightingale wasn't going to let her be anywhere near the injured soldiers in Scutari, which is what she'd come to do, to look after them, she said to Nightingale: 'Well, in that case I'm going to go down to Balaclava and look after the soldiers there.'

> Yr Athro Donna Mead, Is-Gadeirydd Bwrdd Iechyd Prifysgol Cwm Taf

Pwysleisiodd Florence y byddai Betsi yn mynd i'r Crimea yn groes i'w dymuniad hi, ond er hynny, gwnaeth bopeth i'w helpu i gyrraedd yno. Ni fu Betsi yn Scutari am fwy na deng niwrnod i gyd ond roedd hynny'n ddigon iddi sylwi ar y wledd y byddai Florence a'i ffrindiau yn ei chael bob nos o'i chymharu â'r darnau o gig oedd wedi bod yn berwi trwy'r nos i wneud cawl y byddai'r nyrsys cyffredin yn ei gael.

Roedd Betsi ar fin cychwyn am le llawer gwaeth. Ychydig cyn iddi gyrraedd Balaclava disgrifiodd gwraig a ddilynodd ei gŵr i'r frwydr y lle fel hyn:

> Take a village of ruined houses and hovels in the extremest state of all imaginable dirt; allow the rain to

pour into and outside them, until the whole place is a swamp of filth ankle-deep; catch about, on an average 1000 sick Turks with the plague, and cram them into the houses indiscriminately; kill about 100 a-day, and bury them so as to be scarcely covered with earth, leaving them to rot at leisure – taking care to keep up the supply. On to one part of the beach drive all the exhausted *bât* ponies, dying bullocks, and worn-out camels, and leave them to die of starvation. They will generally do so in about three days, when they will soon begin to rot, and smell accordingly. Collect together from the water of the harbour all the offal of the animals slaughtered for the use of the occupants of above 100 ships, to say nothing of the inhabitants of the town, which, together with an occasional floating human body, whole or in parts, and the driftwood of the wrecks, pretty well covers the water – and stew them all up together in a narrow harbour, and you will have a tolerable imitation of the real essence of Balaklava.

Journal kept during the Russian War,
Mrs Henry Duberly

Yn ei dyddiadur hefyd mae Mrs Henry Duberly yn cofnodi, ar 31 Ionawr 1855, fod wyth o nyrsys a dwy i'w goruchwylio wedi cyrraedd o Scutari. Nid ydi Betsi ei hun yn trafferthu disgrifio'r pentref, yn hytrach, mae'n canolbwyntio ar y cleifion ac mae hynny'n ddigon ynddo ei hun. Wrth iddi geisio trin y clwyfau gwelodd fod bodiau traed y milwyr, a hyd yn oed llaw un milwr truenus, yn datgysylltu o'u cyrff oherwydd llosg eira. Gwelodd nad oedd clwyfau'r milwyr wedi eu trin ers wythnosau ac oherwydd hynny fod llawer ohonyn nhw'n llawn o gynrhon. Dim ond dau ddoctor oedd yno yn barhaol, a tua 300–400 o gleifion angen sylw. Nid oedd gan unrhyw un yno wely, ond pan aeth Betsi i holi fe glywodd fod digonedd o welyau ar gael ond eu bod heb eu gosod. Aeth Betsi ati ar unwaith i ofalu bod gwely ar gyfer pob un o'r cleifion a bu wrthi hyd hanner nos gyda rhyw ddau neu dri o swyddogion yn gwneud y gwaith.

Pan alwodd yr Arglwydd Raglan, oedd yn arwain yr ymgyrch yn y Crimea, heibio'r ysbyty fe adnabu Betsi'n syth gan ei fod yn arfer byw ar yr un stryd ag Augusta Hall yn Llundain, ac wedi gweld Betsi wrth ei gwaith yno. Gwelodd Betsi ei chyfle, gan ofyn iddo fod yn gyfrifol amdani gan fod Florence Nightingale wedi troi ei chefn arni, ac fe gytunodd yntau i hynny.

Wedi iddi fod ar y wardiau am rai wythnosau gofynnwyd i Betsi fod yn gyfrifol am y gegin oedd yn darparu bwyd arbennig i'r milwyr. Doedd bywyd ddim yn hawdd yn y fan honno. Roedd ei dyddiau yn llawn o baratoi prydau, eu rhannu a helpu rhai o'r milwyr i'w bwyta. Byddai'n hanner nos ar Betsi'n cyrraedd ei gwely bob nos ac wedyn byddai'n gorfod codi bedair neu bum gwaith bob nos yn ôl gofynion y cleifion. Nhw oedd yn cael blaenoriaeth

Cofeb i Ryfel y Crimea yn Llundain

bob amser gan Betsi, a byddai'n rhoi beth bynnag oedd ar gael iddynt, heb orfod cyfiawnhau hynny i neb. Ond daeth Florence Nightingale draw i Balaclava ym mis Mai i weld yr ysbyty, gan fynnu na ddylai'r swyddogion gael eu bwydo ar gost y wlad a hwythau'n ddynion cyfoethog iawn. Ni aeth cyfarfyddiad y ddwy yn y gegin yn dda iawn chwaith gan i Betsi fynegi syndod mawr o'i gweld. Gofynnodd Florence iddi oedd hi yn ei hadnabod, ac ateb Betsi oedd:

Yes, ma'am, but I should as soon have expected to see the Queen here, as you.

Roedd Florence wedi bwriadu mabwysiadu'r un drefn yn Balaclava â'r un oedd ganddi yn Scutari, ond gwrthodwyd hynny gan y ddau ddoctor yno. Aeth Betsi mor bell â gwrthod cyflog 'from Miss Nightingale' gan ei bod yn mynnu nad oedd hi dan reolaeth Florence o gwbl, ond er gwaethaf pawb yn Balaclava, erbyn mis Mehefin roedd trefn Florence mewn grym yno hefyd – a Betsi yn lloerig am hynny. Roedd y cyfyngiadau ar y cyflenwadau roedd hi'n eu derbyn yn rhy dynn o lawer, ond trwy gydweithio â'i harolygwraig fe ddarganfu Betsi ffordd o osgoi'r cyfyngiadau.

Daeth Florence Nightingale yn ôl i Balaclava ym mis Hydref, a'r tro hwnnw roedd yn ymddangos bod ganddi gryn ffydd yn Betsi gan ei bod wedi ei holi am ymddygiad gweddill y nyrsys. Ond pharhaodd yr heddwch ddim yn hir gan fod Florence yn gwrthwynebu'r ffaith fod Betsi yn rhoi bwyd allan yn hwyr y nos. Fu Betsi ddim yn hir cyn ei hel hi allan o'i chegin.

Erbyn hyn roedd Betsi wedi gweithio'n llawer rhy galed a'i hiechyd wedi dirywio yn arw iawn. Er iddi gael cynnig mynd i gael seibiant yn rhywle, roedd hi'n benderfynol mai am adref yr oedd am fynd. Roedd y drafodaeth am ei chyflog â Florence hefyd yn nodweddiadol iawn o berthynas y ddwy. Cynigiodd Florence gyflog o 10 swllt yr wythnos i Betsi, y cyflog isaf oedd ar gael, a dyma ymateb Betsi:

> If I cannot have what I am entitled to, which is more than that, I will have none at all.

Plygodd Florence ychydig iddi gan roi 18 swllt yr wythnos iddi am ddau fis a'r gweddill ar 10 swllt, gan roi £5 fel anrheg i Betsi. Ateb honno oedd dweud y byddai wedi gallu ennill mwy yn Lloegr! Ond mynnodd Florence ei bod yn cael yr arian, ac argymell y dylai Betsi gael blwyddyn o bensiwn hefyd.

Hwyliodd Betsi o'r Crimea ar y *Calcutta*, a'i hiechyd wedi torri. Daeth yn ôl i Loegr at ei chwaer, Bridget. Er bod Betsi'n pwysleisio'r tensiynau yn eu perthynas, mae cofnod Florence Nightingale yng nghofrestr y nyrsys yn dweud llawer:

> Balaclava – Cook
> Sent home Novr 3 /55 in the *Cleopatra* on account of ill health. Parted with with the greatest regret & recommended for a twelve months wages.

Felly, nid fel nyrs yr oedd Florence yn ei hystyried o gwbl, ond fel cogyddes! Dyna'r esboniad am y cyflog gwael mae'n siŵr. Difyr yw sylwi hefyd nad oedd y ddwy yn gallu cytuno ar enw'r llong hyd yn oed!

Fel y nodwyd eisoes, amcan Jane Williams yn yr hunangofiant oedd tynnu sylw at yr hyn a ddigwyddodd yn y Crimea, ond roedd tynnu sylw at Betsi a'i dioddefaint yn ei henaint hefyd yn rhan fawr o'i bwriad. Mae paragraffau olaf yr hunangofiant yn disgrifio ei sefyllfa druenus:

In the decline of life and with broken health, the
Heroine of this narrative is left unprovided for.

Mae'r awdures yn pledio am waith iddi, neu i'r darllenwyr
gyfrannu at ei chynnal. Ni wyddom faint o ymateb fu, ond
yn sicr ymatebodd Florence Nightingale yn ffyrnig iawn i'r
llyfr a'r cyhuddiadau sydd ynddo. Mae'n werth ei dyfynnu
air am air:

> Mrs Davis (if the Nurse who came out in December
> 1854 and remained as a Cook to the General Hospital,
> Balaclava, till October 1855 when she went home at her
> own request), was an active, respectable, hard-working,
> kind hearted old woman with a foul tongue and a cross
> temper.
>
> She did a great deal of good service in cooking for
> the Hospital. And I would gladly have kept her
> *notwithstanding her mischief-making*. [Hyn wedi ei
> ychwanegu rhwng y llinellau]
>
> She was amply rewarded – had a year's wages (over
> and above the other gratuities) paid her on leaving – as
> a gratuity.
>
> After she returned home she fell into bad hands,
> published a book in two volumes with a greater amount
> of lies than I could have conceived possible – about
> Lord Raglan's esteem for herself and against many
> innocent people ...
>
> I consider that Mrs Davis' excellent services were
> amply remunerated by the War Office and that she has
> less claim upon Mr Sidney Herbert than any ordinary
> beggar.
>
> O gasgliad Amgueddfa Florence Nightingale

Llythyr preifat oedd hwn, wrth gwrs, ond o'i ddarllen fe

welir bod gan Florence barch mawr at agwedd Betsi at waith a'i bod yn ei hystyried yn wraig barchus. Mae'n debyg mai cyfeirio at duedd Betsi i ddweud ei barn yn rhy blaen weithiau mae'r 'foul tongue' yn hytrach na chyfeiriad ati yn rhegi! Difyr hefyd yw bod y 'notwithstanding her mischief-making' wedi ei ychwanegu wedyn! Ond y prif bwynt yw mai gwrthod honiadau'r llyfr mae Florence, a gwrthod yr honiad hefyd nad oedd Betsi wedi cael cydnabyddiaeth deg, nid ymosod ar Betsi ei hun.

Ysgrifennwyd y llythyr uchod ar 4 Mehefin 1860 ac ymhen ychydig dros fis bu farw Betsi, ar 17 Gorffennaf 1860 yn 22 Herbert Street, Hoxton, sef cartref ei chwaer, Bridget:

Ar ôl cael ei chaethiwo i'w gwely gan gystudd trwm am agos i ddau fis, bu farw Elizabeth Davis, maethwraig enwog Balaklava, dydd Mawrth yr 17eg cyfisol.

Y Gwladgarwr, 28 Gorffennaf 1860

Yr hyn sy'n drist am weddill y cofnod hwn yw ei fod yn fwy o apêl ar ran Bridget Davis, ei chwaer, nag o goffâd i Betsi. Oherwydd tlodi'r ddwy, mewn bedd tlotyn y claddwyd Betsi heb ddim i gofnodi'r fan. Ond trwy ymchwilio i'r cyfnod a'r lleoliad llwyddwyd i ddod o hyd i'r fynwent:

I knew she died a pauper and what I also knew was that at around this time several very large cemeteries were built in Victorian London so I had to start going around the big graveyards and eventually I found Abney Park Cemetery and when I spoke to them they got back to me and said yes, that she was buried here.

Yr Athro Donna Mead

Erbyn hyn mae carreg wedi ei gosod i gadarnhau mai yn

Carreg goffa Betsi Cadwaladr

Abney Park y claddwyd Betsi, ond mae'n cael ei chofnodi hefyd ar garreg fedd ei thad ym mynwent dawel Llanycil, rhwng yr eglwys yno a Llyn Tegid. Ar fur yr eglwys, o fewn ychydig lathenni i'r garreg fedd, mae'r geiriau 'Hwy y pery clod na hoedl' – geiriau a ddaeth yn wir iawn am y wraig benderfynol, weithgar, anturus yma o'r Bala.

Pennod 2

Augusta Hall (Gwenynen Gwent) 1802–1896

Os ewch chi i Ysgol Gymraeg y Fenni ar ddydd Gŵyl Ddewi fe welwch ysgol yn byrlymu o blant yn siarad Cymraeg ac yn falch o wisgo'r wisg draddodiadol Gymreig. Byddai Augusta Hall, Arglwyddes Llanofer – pentref nad yw ond pum milltir o'r Fenni – wrth ei bodd gan iddi weithio'n ddygn i adfywio'r Gymraeg a phoblogeiddio'r wisg draddodiadol yn yr ardal hon ar y ffin sy'n dueddol o gael ei diystyru gan lawer o Gymry Cymraeg. Fe'i disgrifiwyd fel y 'dynamo' oedd yn gwneud i bethau ddigwydd:

> Os 'yn ni'n moyn nawddsant i'r ymdrechion a geir heddiw o blaid y Gymraeg, y nawddsant yw Arglwyddes Llanofer, chwarae teg iddi.
>
> Dr John Davies, hanesydd

Yr hyn sy'n gwneud hynny'n fwy rhyfeddol fyth yw nad oedd hi'n siarad Cymraeg yn rhugl ei hun, er iddi ymdrechu i wneud hynny, ac fel mae ei henw'n awgrymu, nid Cymraes arferol oedd Augusta Hall, neu Augusta

Augusta Hall,
neu Gwenynen Gwent

Waddington fel roedd hi pan aned hi yn Llanofer ar 21 Mawrth 1802. Hi oedd merch ieuengaf Benjamin Waddington a'i wraig Georgina (Port gynt). Nid teulu o ardal Llanofer oedden nhw'n wreiddiol chwaith. Yn 1792 prynodd y teulu'r Stad gyda'i phlasty ar lan Nant Rhyd-y-meirch a symud yno. Roedd eu merch hynaf, Frances, yn flwydd oed ar y pryd, ac mae ei disgrifiad hi o Stad Llanofer yn awgrymu nad oedd yn gweld apêl y lle o gwbl:

...which my father purchased, more from weariness of the long search after a dwelling, than from any temptation offered by Llanover, where an ill built, incomplete, & inelegant dwelling house, needed large additions to be built in order to become a possible place of abode; it was situated in a tract of very indifferent soil, scarcely reclaimed from a waste condition, the only commendable circumstance being the well-chosen position on a gravelly rising ground, above the rushing & roaring torrent of Rhyd y Mirch (sic), which was detained on its way to join the Usk river by three several large pools on successive levels, connected by a channel solidly walled on each bank – ugly enough, but at least securing the land from inundation.

Y Farwnes Frances Bunsen, *Reminiscences*

Ond gwahanol iawn oedd barn Augusta am y lle. Roedd hi wedi gwirioni arno a hawdd deall pam hyd heddiw. Mae'n ardal goediog, wledig iawn heb fawr o ôl diwydiant, a thawelwch arbennig yn parhau heblaw am y ffordd brysur rhwng y Fenni a Chasnewydd sy'n torri trwy'r pentref. Roedd Augusta wrth ei bodd yn mynd gyda'i thad i gyfarfod ei denantiaid. Felly y daeth ar draws y Gymraeg gyntaf ac o'r dechrau dangosodd ddiddordeb mawr yn yr iaith. Fe wnaeth hi hyd yn oed enwi rhai o'i geifr yn 'Neidiwr' a 'Llygad Glas', a 'Ceidwad' oedd enw ei chi.

Roedd gan Georgina Waddington syniadau pendant iawn ynglŷn ag addysg i'w phlant. Roedd Georgina yn or-nith i wraig oedd yn enwog yn ei dydd, sef Mrs Delany neu Mary Granville, a gafodd ei geni yn 1700. Daeth yn gyfeillgar â Siôr III a'i wraig, oedd yn ei thrin 'fel nain fabwysiedig', yn ogystal â nifer o enwogion ei dydd. Roedd Mrs Delany wedi mabwysiadu Georgina i bob pwrpas gan roi iddi'r un math o addysg ag yr oedd hi ei hun wedi ei gael saith deg o flynyddoedd ynghynt. Felly rhoddodd Georgina hithau addysg i'w phlant yn seiliedig ar yr un egwyddorion – cwrteisi, awyr iach ac ymarfer corff oedd yn cael pwyslais, ac anogwyd hwy i roi eu holl egni i beth bynnag a wnaent. Dewisodd beidio â phenodi *governess* o gwbl gan

Tŷ Uchaf, Llanofer

Porth y llys newydd, Llanofer

nad oedd yn credu y dylid goruchwylio'r merched bob eiliad. Oherwydd addysg eang eu mam, bu iddynt fanteisio ar wersi Groeg, Lladin, Sbaeneg ac Eidaleg, ac astudio Euclid, economeg, cerddoriaeth, arlunio, hanes, llenyddiaeth a daearyddiaeth yn ogystal â brodwaith a rheoli cartref. Roedd seryddiaeth hefyd ar y cwricwlwm. Felly, roedd hi'n addysg wahanol iawn i fwyafrif merched y cyfnod lle'r oedd y pwyslais i gyd, yn ôl un sylwebydd o leiaf, ar Ffrangeg, canu'r piano i hudo gŵr a gweu pyrsiau ac anrhegion eraill.

Byddai'r teulu yn dilyn y patrwm arferol i deuluoedd o'u bath ac yn teithio i Lundain a Chaerfaddon i gymysgu â phobl o'r un statws â hwythau, ond yn bwysicach fyth i Augusta, byddai nifer ohonynt yn dod i aros yn Llanofer. Yn eu plith roedd gwraig o'r enw Elizabeth Greenly:

> Ffrind ei mam oedd Eliza Coffin Greenly ac roedd hi'n ffrindiau gyda'r Parchedig Thomas Price, Carnhuanawc, oedd yn ymwneud llawer iawn â'r Eisteddfodau Taleithiol a'r Cymreigyddion.
>
> Dr Sian Rhiannon Williams, hanesydd

Er mai yn Swydd Henffordd yr oedd stad y teulu Greenly roedd ganddynt gartref yn y Fenni hefyd, ac felly roedd cysylltiad agos rhwng Georgina a hithau. Dangosodd Elizabeth Greenly ddiddordeb mawr yn y Gymraeg a gallai ei siarad a'i hysgrifennu yn iawn. Mae'n debyg mai oherwydd dylanwad Carnhuanawc, sef y Parch. Thomas Price – gŵr tanbaid dros y Gymraeg a phopeth Cymreig, ac a oedd yn weithgar yn ardal y Fenni ar y pryd – y digwyddodd hynny. Roedd ganddi enw eisteddfodol, sef Llwydlas, ac roedd yn cyfansoddi alawon fel 'Yr Awen Lwydlas'. Alawon gwerin oedd ei diddordeb mawr ond roedd hefyd yn noddi Iolo Morganwg ac yn ymddiddori'n fawr mewn eisteddfodau. Hawdd yw deall felly pam mai dyma'r union feysydd y bwriodd Augusta Hall iddi i'w cefnogi.

Ym mis Rhagfyr 1823 roedd rhialtwch mawr yn Llanofer ar achlysur priodas Augusta, y ferch ieuengaf. Roedd y ddwy chwaer arall, Frances ac Emilia, wedi priodi yn 1817. Aeth y teulu cyfan ar wyliau i'r Eidal dros aeaf 1816–17. Yno, cyfarfu Frances, y ferch hynaf, â'r Barwn Bunsen a chael caniatâd i'w briodi. Gwael fu iechyd Emilia, y chwaer arall, ar hyd y blynyddoedd ond yn yr Eidal daeth yn amlwg bod yr hinsawdd yn llesol iddi ac arhosodd y teulu yno am gyfnod maith, yn ddigon hir iddi hithau syrthio mewn cariad â gŵr ifanc, y Cyrnol George Manley, a phenderfynu aros yno i'w briodi. Pabydd oedd o, a gan fod y merched wedi eu magu'n Brotestaniaid pybyr bu hynny'n broblem fawr iddi. Erbyn mis Ebrill 1819 roedd straen ei sefyllfa a'i hafiechyd yn ormod iddi a bu farw gartref yn Llanofer. O ystyried hynny i gyd, doedd hi fawr o syndod bod dathlu mawr am fod Augusta yn priodi dyn lleol, Benjamin Hall o Aber-carn gerllaw, a fyddai'n golygu bod gobaith iddi ddod yn ôl i'w hardal enedigol i fyw, a hithau'n priodi i mewn i un o deuluoedd amlwg yr ardal.

Nid priodas 'gyfleus' deuluol yn unig oedd hon. Roedd y ddau dros eu pen a'u clustiau mewn cariad, er eu bod yn wahanol iawn o ran ymddangosiad a chymeriad. Roedd Benjamin yn ddyn chwe throedfedd a phedair modfedd o leiaf, ac yn cael ei ystyried yn ddigon difrifol a swil gan rai nad oedden nhw'n ei adnabod yn dda, ond wrth ddod i'w adnabod dywedai pawb ei fod yn garedig iawn. Roedd Augusta, ar y llaw arall, yn fechan ac ysgafndroed, yn hwyliog a bywiog ond yn eithriadol o benderfynol. Roedd dwy nodwedd, o leiaf, yn gyffredin i'r ddau sef eu synnwyr digrifwch a'u diolchgarwch am bob gwasanaeth:

Roedd hi'n briodas hapus iawn, roedden nhw'n gwpl ffasiynol iawn, roedden nhw'n awyddus i fod yn flaenllaw yn y gymuned.

Celyn Gurden-Williams, hanesydd

Mae'n arwyddocaol mae'n siŵr mai yn Swydd Henffordd y bu'r ddau yn byw i ddechrau ac mai un o'u hymwelwyr cyntaf oedd Eliza Greenly, a hi ddewiswyd yn fam fedydd i Augusta Charlotte Elizabeth Hall, eu merch gyntaf, a aned ym mis Medi 1824. Erbyn i'w mab, Benjamin Hanbury Stuart, gael ei eni yn 1826 roedd tad Benjamin Hall wedi marw a gadael Aber-carn i'w wraig, ond penderfynodd hithau ei bod am adael am Brighton gan adael Aber-carn i Benjamin. Symudodd y teulu yn ôl yno.

Roedd 1826 yn flwyddyn bwysig i Augusta am sawl rheswm ac yn Eisteddfod Gwent yn Aberhonddu y flwyddyn honno cyfarfu â dau a fu'n ddylanwadol iawn yn ei hanes. Yn gyntaf roedd y telynor John Jones yno, un a ddeuai o Ddolgellau yn wreiddiol. Roedd ei fam yn un o deulu'r sipsiwn enwog, y teulu Wood. John Jones enillodd y delyn arian yno, y brif wobr oedd ar gael am ganu'r delyn. Ymhen rhai blynyddoedd daeth yn delynor swyddogol i deulu Llanofer. Y cyfarfyddiad pwysig arall oedd yr un â Carnhuanawc. Hwn oedd y gŵr oedd wedi dylanwadu ar Eliza Greenly, wrth gwrs, ac roedd ei araith yn yr eisteddfod hon yn un ysgubol. Pwysleisiodd werth eisteddfodau a'u cynnyrch, a'u dylanwad ar hybu heddwch ac atal dadlau yng Nghymru. Roeddent hefyd wedi deffro cariad yn y Cymry at eu cenedl ac adfywiad yn y Gymraeg. Canmolodd werinwyr o Gymru am gefnogi'r wasg yma, a phwysleisio nad oedd neb arall yn gwneud hynny. Roedd geiriau Carnhuanawc yn cyd-fynd yn llwyr â syniadau Augusta ac o hynny ymlaen roedd hi'n fwy penderfynol fyth o hybu'r Gymraeg a'r diwylliant Cymreig.

Wedi marwolaeth tad Augusta ym mis Ionawr 1828, a'r cyfarwyddiadau clir yn ei ewyllys mai Augusta, nid Frances, oedd i fod i etifeddu Llanofer – oherwydd mai hi oedd wedi dangos y cariad mwyaf at y lle, mae'n debyg, a bod gwaith y Barwn Bunsen yn ei gadw ymhell iawn o Lanofer – penderfynodd Benjamin a hithau symud yno i'w hen gartref, sef y Tŷ Uchaf, fel y'i gelwid. Ond yn fuan iawn roedd y ddau wrthi'n cynllunio cartref newydd ar y stad, neuadd fawr a fyddai'n addas i gynnal pob math o weithgareddau celfyddydol i hybu'r Gymraeg, gan fod Benjamin yn cefnogi ei wraig yn llwyr yn ei hymdrechion

Stad Llanofer a'r defaid duon

dros yr iaith. Penodwyd gŵr o'r enw Thomas Hopper yn bensaer, un a oedd yn enwog yng Nghymru eisoes wedi iddo gynllunio'r gwaith ailadeiladu ar Gastell Penrhyn. Cymerodd naw mlynedd i orffen y gwaith ar Lys Llanofer, ac roedd yno lyfrgell ysblennydd. Roedd drysau'r llyfrgell wedi eu peintio fel petaent yn silffoedd a llyfrau arnynt, ac roedd pawb o'r teulu wedi cael hwyl fawr yn creu enwau i'r llyfrau dychmygol yma; teitlau fel *The Talkative Peer* a *The Vicar's Dilemma*.

Tra oedd y plasty newydd yn cael ei adeiladu roedd cymdeithas ddylanwadol iawn wedi ei sefydlu yn Aberhonddu. Yn 1833 y sefydlwyd Cymreigyddion y Fenni. Y penderfyniad oedd:

> Y buasai Cymdeithas Gymreigyddawl o fuddioldeb nid yn unig i drigolion y dref ond hefyd i breswylwyr ymylon mynyddau Mynwy.
>
> Cofnodion Cymreigyddion y Fenni

Ond pwy oedd yr aelodau cyntaf?

> Yn wreiddiol fe sefydlwyd y Cymreigyddion gan grŵp bychan o garedigion yr iaith Gymraeg, beirdd lleol a phobl oedd yn frwdfrydig dros lenyddiaeth a'r iaith Gymraeg yn yr ardal.
>
> Dr Sian Rhiannon Williams

Mae'n amlwg i'r syniad gydio ar unwaith, ac erbyn yr ail gyfarfod ar 27 Tachwedd 1833 roedd pedwar aelod newydd, arwyddocaol, wedi ymuno â'r gymdeithas, sef Augusta ei hun, ei mam, Georgina Waddington, Benjamin Hall ac Eliza Greenly. Erbyn diwedd y flwyddyn roedd y Cymreigyddion wedi penderfynu ar eu hamcanion:

Coleddiad yr Iaith Gymmraeg, trwy wneud casgliad o Lyfrau Cymmraeg a rhoddi gwobrwyon am areithiau, traethodau a thraethawdlau yn Gymmraeg mewn neu ar: amaethyddiaeth, anianyddiaeth, barddoniaeth, daearyddiaeth, dysgeidiaeth, hanesyddiaeth ag hynafiaeth.

Gweithrediadau Cymreigyddion y Fenni

Cynhaliwyd eisteddfod gyntaf y Cymreigyddion ar Ŵyl Ddewi 1834 ac erbyn hynny roedd y swyddogion wedi bod yn brysur yn denu teuluoedd eraill amlwg Sir Fynwy a'r cyffiniau i'w cefnogi, pobl fel teulu Morgan, Plas Tredegar, a John a Charlotte Guest, Dowlais. Roedd i'r Gymdeithas sylfaen gref iawn. Trwy ymdrechion Carnhuanawc ac Augusta ffynnodd y gymdeithas, ond mae rhyw eironi rhyfedd yn y ffaith bod brwdfrydedd Augusta mewn gwirionedd, trwy ddenu llu o gefnogwyr eiddgar ond di-Gymraeg, wedi newid iaith gweithrediadau'r gymdeithas ei hun.

Roedd gan Carnhuanawc ddiddordeb arbennig yn y gwledydd Celtaidd a thrwy Gymdeithas y Cymreigyddion, ac Augusta Hall yn arbennig, y ffurfiwyd y cysylltiad sy'n dal i barhau rhwng eisteddfodau Cymru a'r gwledydd Celtaidd. Roedd Llydawr brwd o'r enw François Rio wedi bod yn ymwelydd cyson â Llanofer cyn i Carnhuanawc ei gyfarfod yno, a thrwyddo daeth cysylltiad y Cymreigyddion â'r Llydawyr yn elfen bwysig o'r gymdeithas.

Roeddent hefyd yn awyddus iawn i ddiogelu llawysgrifau Cymraeg, ac o'r Cymreigyddion y deilliodd Cymdeithas y Llawysgrifau Cymreig a wnaeth gymaint i ddiogelu dogfennau a allai fod wedi diflannu am byth. Byddai'r Cymreigyddion hefyd yn cynnal ymgyrchoedd 'lobïo' fel y byddem ni yn eu galw heddiw, yn galw am esgobion a barnwyr Cymreig, ac am addysg drwy gyfrwng y Gymraeg ym mhrifysgolion Rhydychen a Chaergrawnt.

Ymdaflodd Augusta i weithgareddau'r Cymreigyddion â'i brwdfrydedd arferol gan ddenu enwogion y dydd i Lanofer i aros fel eu bod yn gallu mynychu'r digwyddiadau. Roedd y 'gylchwyl' flynyddol yn ddigwyddiad cymdeithasol o bwys ac mae'r disgrifiad hwn o'r ŵyl yn 1835 yn cyfleu'r rhialtwch:

> Daeth y boneddigion yn eu cerbydau, daeth eraill ar gefn eu meirch a daeth llaweroedd ar draed ... I gychwyn gweithgareddau'r diwrnod cyntaf gorymdeithiodd pawb i'r Angel i gwrdd â'r Llywydd a'i gyfeillion. Bardd y Gymdeithas a arweiniodd yr orymdaith 'yn cario cenhinen orfawr', wedyn daeth y telynorion yn dwyn eu telynau ... a'r tu ôl i bawb daeth yr aelodau. Ciniawyd mewn dau westy – y boneddigon a'r swyddogion yn un a'r aelodau cyffredin yn y llall.
>
> Mair Elvet Thomas, *Afiaith yng Ngwent*

Pan orffennwyd y gwaith ar y 'Llys' newydd yn Llanofer yn 1837, cyfunwyd y Gylchwyl flynyddol â'r dathliadau yno, gan fod Benjamin Hall hefyd yn Llywydd yr Ŵyl. Sicrhaodd trefniadau gofalus Augusta ei bod yn Gylchwyl fyddai'n aros yn y cof yn hir. Pan gyrhaeddodd y Llywydd a'i wraig y digwyddiadau ar yr ail ddiwrnod roedd cymaint o bobl yno fel y bu'n rhaid iddyn nhw gael eu harwain at y llwyfan trwy agor un o'r ffenestri a gosod byrddau oddi tani er mwyn iddynt fedru dringo trwyddi. Y noson honno roedd dawns rwysgfawr yn Llanofer gyda 250 o wahoddedigion. Roedd y morynion oedd yn gweini'r bwyd yn y llyfrgell i gyd mewn gwisg Gymreig gyflawn a llawer o'r bobl ifanc 'very correctly dressed from Mrs Hall's *Book of Welsh Costumes*' yn ôl Eliza Greenly.

Cyfeirio y mae'r sylw olaf at draethawd o waith Augusta Hall dan y teitl 'Advantages Resulting from the Preservation of the Welsh Language and National Costumes of Wales'. Enillodd Augusta y wobr gyntaf yn Eisteddfod Caerdydd 1834, dan y ffugenw Gwenynen Gwent, am y traethawd yma oedd yn ymdrin â phynciau mor agos at ei chalon. Cyhoeddwyd y traethawd yn 1836 ac i ychwanegu ato comisiynodd Augusta arlunydd i ddarlunio'r gwisgoedd traddodiadol:

Beth sydd yma mewn gwirionedd yw gwisgoedd traddodiadol pedair sir yng Nghymru: felly Gwent, fel y byddai rhywun yn ei ddychmygu, gwisgoedd Gŵyr, gwisgoedd Sir Benfro a gwisg o Sir Aberteifi ... Cymysgedd sydd yma mewn gwirionedd o wisgoedd a brethynnau Cymreig gydag elfennau o ffasiwn y cyfnod, felly, er enghraifft, rhyw siôl fechan, ac yna'r llawes fer, lawn. Dyma nodweddion y byddai rhywun yn eu gweld

Y wisg Gymreig

ar wisgoedd ffasiynol menywod yng Nghymru a thu hwnt yn y cyfnod yma, felly does 'na ddim byd nodweddiadol Gymreig am rai o'r nodweddion hyn.

Elen Phillips, Curadur Gwisgoedd Sain Ffagan

Ond mae tuedd i fod yn feirniadol o Augusta Hall yn y cyswllt hwn:

Mae hi wedi cael y bai, neu mae pobl wedi chwerthin am ei phen hi dros y blynyddoedd ac mae sawl gwefan allan yn fanna sydd yn hollol anghywir ac yn dweud mai hi luniodd y wisg ac nad oedd 'na ddim byd yn bodoli cynt felly. Dwi ddim yn credu o gwbl mai hi sy'n gyfrifol am y ddelwedd 'ma sydd ganddon ni o goch a du yn unig. 'Swn i'n dweud bod hynny'n ddiweddarach o lawer.

Huw Roberts, cerddor

Cofnodi'r hyn oedd ar gael yn barod a wnaeth Augusta mewn gwirionedd, a'i nod oedd annog merched a gwragedd Cymru, yn arbennig, i wisgo dillad o wlân Cymru, beth bynnag oedd ei liw. Canmolai'r wlanen Gymreig am ei bod yn rhatach na dillad cotwm mwy ffasiynol, ac oherwydd ei bod yn para'n well. Soniodd fod gwlanen yn iachach, ac yn fwy na dim bod ei gwisgo yn hybu un o ddiwydiannau pwysig Cymru. Mae'n amlwg bod ei gwaith wedi cael dylanwad erbyn Cylchwyl y Cymreigyddion yn 1836:

Yn wir gallwn ddywedyd yn ddibetruster idd ein meddyliau gael eu llenwi a syndod a gorfoledd anhraethadwy, wrth ganfod yr olygfa hardd a gweddaidd, wrth weled boneddigesau a rhianod cyfoethocaf ac anrhydeddusaf Gwent, wedi mabwysiadu ein hen wisgoedd Cymreig, ac yn

neullduol hen ddull ein cyn famau yn Ngwent a
Morganwg, er cyn cof ein dyddiau ni, Sef dillad gwlenyn
a chycyllau duon.

Dyfynnir gan Mair Elvet Thomas yn *Afiaith yng*
Ngwent

Felly roedd gwaith Augusta yn dwyn ffrwyth yn barod.
Byddai'n hyrwyddo'r wlanen ar bob cyfle ac fe wnaeth hyd
yn oed fynd i'r drafferth o gludo sampl ohoni yr holl ffordd
i Rufain i'w chwaer. Byddai'n ymddiddori yng ngwaith y
melinau gwlân, yn arbennig un y teulu Harris yn Rhyd y
Llwyfen yn Llan-ffwyst, a sefydlodd ddiadell o ddefaid
duon Cymreig ar stad Llanofer i gyflenwi gwlân i'w nyddu
a chreu brethyn unigryw Gwenffrwd. Roedd gwisgo dillad
o wlanen Gymreig yn un o amodau gweithio ar y stad ac
mae rhai yn dadlau na fyddai'r melinau gwlân Cymreig
sydd wedi goroesi hyd heddiw, a hynny yn llwyddiannus
iawn erbyn hyn, wedi gallu gwneud hynny oni bai am ei
hymdrechion hi.

Ond nid ar y wisg Gymreig yn unig yr oedd pwyslais yn
Llys Llanofer – roedd yno bwyslais ar bopeth Cymreig.
Dyma hanesyn a gofnodwyd am Augusta :

Un diwrnod, pan oedd hi yn ei harddegau, yr oedd allan
yn marchogaeth yng ngofal un o wastrodion ei thad.
Sylwodd ei fod yn edrych yn drist iawn a holodd beth a'i
blinai. Cafodd ar ddeall ganddo mai dyfodol yr Iaith
Gymraeg yn Llanofer a'r cylch a'i gofidiai. Yr oedd ofn
arno y byddai wedi marw yno ym mhen deugain
mlynedd. Heb betruso dim atebodd hi na fyddai farw os
gallai hi wneud rhywbeth i rwystro hynny.

Mair Elvet Thomas, *Afiaith yng Ngwent*

Ac yn sicr fe wnaeth ei gorau. Yn ogystal â hyrwyddo'r

Gymraeg a'r traddodiadau Cymreig bob cyfle a gâi drwy Gymru gyfan, penderfynodd weithredu'n bendant i gynyddu'r defnydd o'r Gymraeg ar ei stad ei hun:

> Wnaeth hi gasglu o'i chwmpas hi gymdeithas o bobl oedd hi am iddyn nhw fyw mewn rhyw fath o ddelfryd o Gymreictod traddodiadol, ac roedd hi'n awyddus iawn i sicrhau bod pobl yn defnyddio'r Gymraeg o ddydd i ddydd, yn cael cyfle i fyw eu bywydau trwy gyfrwng y Gymraeg o ddydd i ddydd ond hefyd i arfer yr hen draddodiadau a'r crefftau Cymreig.
>
> Dr Sian Rhiannon Williams

I gael rhyw amgyffrediad o hyd a lled yr ymdrech honno mae troi at gyfrifiad 1891 yn ddadlennol iawn. Ar un dudalen sy'n cofnodi rhan o bentref Llanofer rhestrir 29 o bobl; o'r rheiny, pedwar sydd yn enedigol o Lanofer ei hun, a dim ond pedwar arall sydd o weddill Sir Fynwy. Daw pedwar o Geredigion, pump o Forgannwg, un o Ynys Môn, pedwar o Sir Benfro a saith o Sir Frycheiniog. Mae eu swyddi yn cynnwys un saer maen, porthor, cyfrifydd, groser a gwehydd ac yna ceir nifer o seiri a gofaint. Ond o ystyried ein bod yn sôn am blwyf yn Sir Fynwy ar ddiwedd y bedwaredd ganrif ar bymtheg, yr hyn sy'n wironeddol drawiadol yw bod pawb, y 29 ohonynt, yn nodi eu bod naill ai yn ddwyieithog neu yn siarad Cymraeg yn unig. Dyna brawf pendant felly fod ymdrechion Augusta Hall wedi dwyn ffrwyth. Difyr hefyd yw sylwi ar enwau'r tai: Coed y Nodwydd, Pen y Parc, Tŷ'r Saer Coed, Masnachdy, Penceffyl a Phorth y Pentre.

Ond nid pawb oedd yn gweld ei hymdrechion yn gadarnhaol:

> Mae 'na elfen o *social engineering* yng ngwaith

Gwenynen Gwent a dyna pam mae hi wedi cael ei beirniadu'n hallt, achos os oedd pethe ddim yn digwydd yn naturiol roedd hi'n mewnforio, bron â bod, pobl i siarad Cymraeg ac i fod yn rhan o'r gymdeithas arbennig 'ma.

Celyn Gurden-Williams

Ar ôl cael y Cymry Cymraeg i'r ardal roedd Augusta Hall yn cadw rheolaeth ar eu bywydau mewn ffyrdd eraill hefyd. Roedd hi'n ddirwestwraig fawr ei hun ac aeth ati i droi tafarndai'r ardal yn dai dirwest neu'n westai. Un o'r tai hynny oedd Tŷ Eos y Coed, yr hen Nightingale Inn. Daeth gŵr o Geredigion o'r enw David Williams i fyw yno, a chael ei benodi yn is-asiant i Augusta Hall. Cyn hir roedd hi wedi newid ei enw yn Dafydd – byddai hynny'n arferiad ganddi, yn ogystal â chynnig enwau i fabanod wrth iddynt gael eu geni.

Roedd crefydd hefyd yn bwysig iawn i Augusta a'i gŵr Benjamin, yn arbennig yr hawl i'w tenantiaid gael addoli yn Gymraeg. Roedd Benjamin wedi sefydlu eglwys Gymraeg yn Aber-carn i'w denantiaid yno, a thrwy gyfrwng helynt a gododd yn 1862 dangosodd ei fod yntau'r un mor frwd ag Augusta ar y pwnc. Roedd y curad, y Parch. T. Edwards, wedi gadael yn y flwyddyn honno i fynd i Sir Drefaldwyn. Pan ddewisodd Benjamin gurad newydd i Aber-carn fe wrthododd ficer Mynyddislwyn ei sefydlu oni bai ei fod yn rhoi un gwasanaeth ar y Sul yn Saesneg. Gwrthododd Benjamin gytuno i hynny. Gan nad oedd y ficer am blygu chwaith, yr ateb yn y pen draw oedd troi'r eglwys yn un i'r Methodistiaid Calfinaidd, a daeth y Parch. David Charles, ŵyr i'r enwog Thomas Charles, yno yn weinidog, ond ei fod i ddefnyddio llyfr gweddi'r Eglwys Sefydledig.

Ar stad Llanofer ei hun, Eglwys Sant Bartholomew oedd eglwys y teulu. Mae'n eglwys syml ar fryncyn yng nghanol

Enwau'r tai ar feinciau'r eglwys

caeau gwastad a meinciau syml o'i mewn. Ar gefn nifer o'r seddau mae enwau gwahanol ddaliadau'r stad wedi eu cerfio. Gallech feddwl mai arwydd o barch gan deulu'r Llys fyddai hynny, ond roedd hefyd yn ddull cyfrwys o allu gweld yn gyflym iawn pa deuluoedd oedd heb drafferthu dod i'r eglwys i wasanaeth penodol. Arwydd arall o reolaeth Augusta Hall ar ei stad.

Ym mynwent Eglwys Sant Bartholomew y mae'r arwyddion gweladwy mwyaf parhaol o ddylanwad mawr Augusta Hall. Wrth gerdded rhwng y rhesi o feddau yn y fynwent wledig yma mae nifer y cerrig sydd yn Gymraeg yn drawiadol iawn, a'u cysylltiad â Stad Llanofer yn amlwg. Ymysg y beddau mae bedd dau athro a ddaeth i'r ardal dan gymhelliad Augusta Hall, sef John Evans a fu farw yn 1844 yn 55 oed ac yna William Hopkins a fu farw yn 1896. Oedd, roedd addysg hefyd yn rhan bwysig o athroniaeth Augusta Hall. Am ei bod hi ei hun wedi methu dysgu'r Gymraeg yn rhugl, penderfynodd fod yn rhaid i blant gael dechrau'n gynnar ar eu haddysg Gymraeg:

Oedd dylanwad gan Arglwyddes Llanofer dros addysg yn yr ardal wrth gwrs oherwydd oedd hi'n noddi ysgolion fel Ysgol y Plwyf Llanofer, lle'r oedden nhw yn dysgu Cymraeg ar y cwricwlwm a mwy na hynny oedd o'n rhan o fwriad yr ysgol i Gymreigio'r plant. Rydyn ni'n gwybod o edrych ar y llyfrau log eu bod nhw'n cael hanner awr o Gymraeg yn y bore trwy gydol y ganrif ...

hyd at yr ugeinfed ganrif ... o'n nhw'n cael Welsh Instruction rhwng deng munud wedi naw ag ugain munud i ddeg. Felly mae hynny'n beth hollol unigryw yn yr ardal yna yn y cyfnod.

Dr Sian Rhiannon Williams

Gofalodd Augusta hefyd fod ysgol yn Aber-carn, a byddai'r ddwy ysgol yn cynnig addysg am ddim i blant o bob enwad. Nid addysg gynradd yn unig a gafodd nawdd ganddi chwaith. Pan glywodd Augusta am gyfyng gyngor Thomas Phillips, y gŵr â'i wreiddiau yn Sir Faesyfed oedd wedi gwneud ei ffortiwn gyda'r East India Company, roedd yn barod iawn i'w helpu. Roedd Thomas Phillips yn dymuno cyfrannu'n hael at gael darlithydd Cymraeg i glerigwyr yn Llanbedr Pont Steffan ond gwrthodwyd ei gynnig. Fu Augusta fawr o dro yn rhoi cefnogaeth gref iddo sefydlu sefydliad hollol wahanol yn Llanymddyfri a fyddai'n herio'r Coleg yn Llanbedr Pont Steffan.

Yn 1847 agorwyd Coleg Llanymddyfri i gynnig addysg glasurol safonol i fechgyn disglair Cymru a darpar glerigwyr. Trwy Goleg Llanymddyfri gwelai Augusta gyfle i wireddu dau o'i phrif amcanion, sef sefydlu'r Gymraeg fel gwir iaith Cymru ac yna, yn ail, Cymreigio'r Eglwys i'r Cymry gael addoli yn eu hiaith eu hunain. Byddai'r Gymraeg yn cael ei dysgu ochr yn ochr â'r pynciau clasurol arferol ond hefyd byddai rhan o bob dydd yn cael ei neilltuo i siarad Cymraeg a dysgu trwy gyfrwng y Gymraeg. Hwn oedd y sefydliad addysg uwchradd cyntaf yng Nghymru i wneud hynny.

Wrth ddisgrifio ei arhosiad yn Llanofer dros y flwyddyn newydd yn 1859 mae cefnder i Augusta, Horace Waddington, yn disgrifio dydd Sul yn y Llys yn ei ddyddiadur:

On Sunday morning Sir Benjamin and I to the English services in the little church, in the afternoon Lady Hall to the Welsh service, she in strict Welsh dress – pointed tall hat with feather and close frilled cap under it, scarlet mantle fur-bordered and a shortish skirt. She always spoke Welsh with her servants – she had her family harpist, old Griffiths, who was a celebrated player of the old triple-stringed Welsh harp – a most difficult art as instead of putting the single row of strings into different keys by the pedals, each tone and half tone had its own string; he used to come in of an evening, in the gallery of the great hall, to play to us delightfully, old Welsh airs.

A dyma daro ar un arall o ddiddordebau mawr Augusta. Soniwyd eisoes am y telynor John Jones o Ddolgellau a ddaeth yn delynor llys iddi. Yn 1843 roedd cyffro mawr wedi bod yn Llanofer gan i John Jones a Thomas Gruffydd, yr 'old Griffiths' uchod, fynd yr holl ffordd i Lundain i gyflwyno telyn deires oedd wedi ei llunio yng Nghaerdydd i Dywysog Cymru. Ar ôl cyrraedd y plas aeth y ddau delynor ati i chwarae eu telynau a thelyn y Tywysog. Mae'n debyg bod y Tywysog Albert wrth ei fodd! Ond y flwyddyn ganlynol bu John Jones farw yn ifanc, ac mae ei garreg fedd drawiadol i'w gweld ym mynwent Sant Bartholomew. Mae'r garreg yn arwydd o'r meddwl mawr oedd ohono yn Llanofer, ond yn fwy na dim mae'n dangos y parch oedd gan Augusta Hall at ei 'linach' gerddorol gan iddi roi ar y garreg fel hyn:

Disgybl telyn oedd i Richard Roberts, o Gaernarfon; athraw yr hwn oedd Wm Williams, o Benmorfa; a'i athraw ef oedd John Parry o Riwabon, cynllun bardd Gray; a'i athraw yntau Robert Parry o Lanllyfni yn

Arfon yw hwn a ddysgodd ei gelfyddyd oddi wrth hen delynorion Cymru.

Thomas Gruffydd, a fu yn delynor i deulu Morgan Tredegar cyn hynny, a benodwyd i'w olynu, a daeth ei ferch yntau yn ei thro yn delynores. Er mai telyn o'r Eidal oedd y delyn deires yn wreiddiol daeth i gael ei galw yn 'Delyn Gymreig' a thrwyddi gwelai Augusta Hall gyfle i amddiffyn agwedd arall ar y traddodiadau Cymreig.

Nid noddi ei thelynorion ei hun yn unig a wnâi Augusta chwaith. Gwnaed y delyn deires yn offeryn swyddogol Eisteddfodau Cymreigyddion y Fenni a rhoddwyd bri mawr ar gystadlaethau i'r telynorion, fel y gystadleuaeth enwog a gynhaliwyd yn Llanofer yn 1869. Ond roedd rheolau caeth iawn i'r cystadlaethau yma:

Fe ddaeth rhai o bob cwr o Gymru i gystadlu ar y cystadlaethau yma ac mae gynnon ni storïau difyr am ambell un ddim yn cael cystadlu achos bod nhw wedi 'cyffwrdd' â'r delyn bedal ac un gŵr wedi ei daflu allan o'r gystadleuaeth am nad oedd gynno fo delyn ar siâp y delyn Gymreig, y delyn deires go iawn felly.

Huw Roberts, cerddor

Trefnai ysgoloriaethau i rai oedd yn dangos addewid arbennig ar y delyn a llwyddodd dyn ifanc o'r enw Ed Davies i gael ysgoloriaeth ar ôl proses faith o gael ei brofi gan yr hen Thomas Gruffydd o nos Sadwrn tan ddydd Mercher.

Trwy roi telynau yn wobrau roedd Augusta yn hybu crefft y seiri telynau. Byddai'n aml iawn yn defnyddio gwaith Bassett Jones, Caerdydd, ond erbyn diwedd ei hoes roedd dau saer ar stad Llanofer ei hun: Abraham Jeremiah (y mae un o'i delynau erbyn hyn yn Amgueddfa'r Gaiman,

Benjamin Hall

wedi i feibion Michael D. Jones ei chludo i'r Wladfa) ac Elias Francis, a thelyn o'i waith ef oedd y wobr yn y gystadleuaeth fawr yn Llanofer yn 1869.

Roedd yn rhaid i'r telynorion, wrth gwrs, gael alawon Cymreig i'w chwarae ac yn 1844 cyhoeddwyd *Ancient National Airs of Gwent and Morgannwg* gan Maria Jane Williams, Aberpergwm. Roedd Augusta Hall yn barod iawn i gyfrannu at gyhoeddi cyfrol o'r fath. Cynnyrch eisteddfod y Fenni oedd y gwaith gan i Jane Williams ennill yno am ysgrifennu'r traethawd yn 1837.

Nid yng Nghymru yn unig y gadawodd Augusta Hall a'i gŵr Benjamin eu hôl. Roedd Benjamin wedi ei ethol yn Aelod Seneddol – dros Fynwy yn 1831 yn gyntaf, ac yna dros Marylebone yn 1837 – a byddai'n treulio llawer o'i amser yn Llundain. Yn 1855 llwyddodd i gael Deddf bwysig trwy'r Senedd a fyddai'n newid y modd y byddai Llundain yn cael ei gweinyddu, ac yn yr un flwyddyn fe'i penodwyd yn Gomisiynydd Gwaith Palas San Steffan. Un o'i dasgau mwyaf oedd trefnu'r gwaith o osod y cloc mawr a oedd i fod yn rhan o'r Palas. Byddai'n rhaid i'r cloc hwnnw gael cloch i daro ar yr awr. Gan mai Benjamin Hall oedd wedi comisiynu'r gloch roedd ei enw wedi ei ysgythru arni. Bu cryn drafodaeth yn y Senedd am enw i'r gloch, a dadleuai Benjamin ei hun dros yr enw Cloch San Steffan gan mai yn Nhŵr San Steffan y byddai. Ond yr enw a roddwyd i'r gloch oedd 'Big Ben', a hynny, mae'n debyg, oherwydd ei chysylltiad â Benjamin Hall. Er mai cloch arall sydd yn y twˆr erbyn hyn, glynodd yr enw. Gwnaed Benjamin Hall yn Arglwydd yn 1859 a'i ddyrchafu i Dŷ'r Arglwyddi a bu'n gydwybodol iawn yn ei ddyletswyddau.

Er i Augusta a Benjamin dreulio misoedd lawer yn Llundain yn troi yn y cylchoedd uchaf, yn Llanofer yr oedd eu calonnau ac roedd Augusta yn teimlo bod ganddi waith pwysig i'w wneud yno:

Big Ben

Beth oedd Lady Llanofer eisie fwy na dim oedd deffro ymwybyddiaeth tirfeddianwyr Cymru i werth y Gymraeg. Mae'n ddiddorol mai rhywun reit ar y ffin mwy neu lai oedd yn gwneud hynny ac oedd pobl yn gwneud sbort am ei phen hi, yn meddwl ei bod hi hanner call a dwl yndê. Ond pan y'ch chi'n edrych ar Llanofer heddi' beth sy'n eich taro chi fwyaf pan y'ch chi'n mynd trwodd yw 'Llythyrdy Rhyd-y-meirch' ... 'na'r unig arwydd Cymraeg oeddwn i erioed wedi ei weld heblaw am tu allan i Sain Ffagan yn yr Amgueddfa, ac o'n i'n teimlo, wel diawch arioed, dyma Gymraeg gweladwy – yr union beth y byddai Cymdeithas yr Iaith, ganrif ar ôl adeg Lady Llanofer, yn gweithio ac yn ymdrechu i'w ennill.

Dr John Davies

Wedi dros ddeugain mlynedd o briodas hapus, trawyd Syr Benjamin Hall yn wael yn 1867 ar ôl cael ei frifo mewn damwain saethu. Er pob ymdrech i'w wella a holl ofal Augusta drosto arweiniodd y driniaeth a gafodd, yn y pen draw, at ei salwch terfynol a bu farw. Geiriau Augusta oedd, 'All is over, the light of my life is gone.'

Treuliodd weddill ei hoes ar y stad gan encilio i raddau helaeth o'r bywyd cyhoeddus iawn yr oedd wedi ei fyw cynt. Câi ganolbwyntio ar fywyd y stad o ddydd i ddydd a pharhaodd ei gafael yn dynn ar yr awenau hyd ei marwolaeth yn 1896.

Beddrod Arglwyddes Llanofer

Pan ysgrifennodd Augusta ei thraethawd buddugol yn 1834 roedd hi wedi nodi'r elfennau hynny o fywyd Cymru yr oedd hi'n rhoi pwys mawr arnynt ac fe dreuliodd weddill ei hoes yn gweithio i'w gwarchod a'u hyrwyddo: gwladgarwch, hybu'r diwylliant a'r traddodiadau ac yn bennaf oll, gwarchod yr iaith Gymraeg.

Tra bydd Cymru, tra bydd yr iaith Gymraeg, wnawn ni ddim anghofio o gwbl am Augusta Hall, Arglwyddes Llanofer. Byw fydd hi.

Huw Roberts, cerddor

Pennod 3

Sarah Jane Rees (Cranogwen) 1839–1916

Pan gynhaliwyd yr Eisteddfod Genedlaethol yn nhref glan môr brysur a bywiog Aberystwyth yn 1865 cyhoeddwyd mai merch oedd wedi ennill un o'r prif wobrau yno am gyfansoddi cân, sef Cranogwen. Roedd y cyhoeddiad yn chwyldroadol i'r Eisteddfod ond eto yn driw i ysbryd yr oes. Er nad oedd ei henw yn gyfarwydd y tu hwnt i'w hardal enedigol yng Ngheredigion ar y pryd, daeth Cranogwen yn gymeriad cyhoeddus, amlwg a phoblogaidd iawn trwy ei dawn arbennig i annerch a diddanu cynulleidfaoedd. Bu'n rhaid

Cranogwen

iddi fod yn ddewr ac wynebu gwrthwynebiad chwyrn ar y môr, fel darlithwraig a phan fyddai'n pregethu – am y rheswm syml ei bod yn ferch – ond dal ati wnaeth Cranogwen trwy'r cyfan.

Llangrannog oedd ardal enedigol Cranogwen. Yno roedd yn ffigwr cyfarwydd a hynod yn barod:

> Mi dybiwn weled rhyw gyfeilles fach
> Yn crwydro ar y disglair draeth, mor iach ...
> Hi yfodd ysbryd yr olygfa lon
> I mewn i'w henaid, – ysbryd dwfn y don,
>
> Islwyn

Felly y canodd Islwyn i Langrannog gan gyfeirio yn benodol at Cranogwen. Erbyn heddiw, wrth gwrs, mae'r pentref yn enwog am ei draeth, ei dafarn ac am Wersyll yr Urdd ond fel hyn y disgrifiodd Cranogwen ei hun y lle:

> O danom yn isel mae pentref Llangrannog,
> Ymddengys fel pe bae ar waelod y byd;
> Ei dai, ei drigolion serchoglawn, a'r capel
> Bach acw'n enwedig, a ddena fy mryd.
>
> Cranogwen, 'Dyffryn Crannog'

Ganed Cranogwen, neu Sarah Jane Rees, ar 9 Ionawr 1839 yn Nolgoy Fach, Llangrannog:

> ... bwthyn bychan to gwellt, allan o'r ffordd (eto i'w weled oddiarni) ar waelod cwm, ac yng nghysgod tir o bob tu iddo ond y wyneb, a elwid yn y gymdogaeth yn elltydd ac yn gnyciau ... To gwellt oedd iddo, ffenestri bychain, un y 'pen uchaf' fel ei galwem yn llai nag un y 'pen isaf', mur digon salw, yn enwedig un ochr i'r drws, ond waeth er hynny, ein 'tŷ ni' ydoedd; ac yr oedd yn

ymdecâu o hyd i'r diwedd, yn edrych yn well o hyd ac o hyd.

Cranogwen, *Y Frythones*, 1883

Doedd Cranogwen ddim yn byw yng nghanol y pentref, felly magwraeth wledig iawn mewn llecyn cysgodol braf a gafodd, heb fod yng ngolwg y môr, hyd yn oed. Ond ar y môr roedd ei thad yn treulio ei ddyddiau. Capten llong oedd John Rees a'i mam, Frances, gartref yn magu'r teulu. Ganed dau o fechgyn i'r teulu yn gyntaf, Daniel a David, ac yna Cranogwen. Fe aned efeilliaid i'r teulu ar ôl Cranogwen hefyd ond ni fuont fyw. Yn ddiweddarach, cofnododd ddisgrifiad ysgytwol o'r diwrnod y bu ei brodyr farw ar eu genedigaeth a'u hangladd wedyn.

Gallwn gymryd bod y diwrnod y cofnodwyd cyfrifiad 1841 yn Nolgoy Fach yn ddiwrnod digon nodweddiadol i'r teulu, gan mai dim ond y fam a'r tri phlentyn oedd gartref. Yn ei 'Hunan-goffa', sef yr hunangofiant byr am ei chyfnod yn yr ysgol a gyhoeddwyd gan Cranogwen yn *Y Frythones*, mae'n cyfeirio at yr holl droeon y byddai ei brawd hynaf yn gorfod mynd yn unswydd i Aberteifi i Siop y Barbwr yno, naill ai i anfon llythyr at eu tad neu i nôl un oddi yno. Mewn dogfen i gadarnhau gwasanaeth John Rees ar y môr mae'n rhestru'r llongau y bu arnyn nhw o fis Ionawr 1821, pan oedd yn 16 oed, ymlaen. Ar longau Aberteifi y bu'n hwylio yn bennaf, a *coasting* oedd y fasnach yr oedd yn rhan ohoni, sef y cychod fyddai'n teithio o borthladd i borthladd ar hyd arfordir Cymru a chyn belled â Bryste i gludo nwyddau. Ond erbyn 1827 roedd yn *mate* ar long oedd yn hwylio o Gaerdydd ac yn masnachu dramor. Mae'n siŵr ei fod wedi troi yn ôl at *coasting* ym mis Mawrth 1830 o achos ei berthynas â Frances, a heblaw am gyfnod byr o fasnachu dramor rhwng 1836 ac 1837, masnach y glannau oedd ei waith hyd 1851 o leiaf.

O safbwynt ei natur, roedd Cranogwen yn blentyn mentrus:

Y disgrifiad gore falle mai tomboi oedd hi, oedd hi'n hoffi dringo coed a phethe y bydde bechgyn yn eu gwneud, yntefe, ond ar yr un pryd o'dd 'na benderfyniad hyd yn oed yn ifanc ynddi, a dwi'n credu mai cannwyll llygad ei thad o'dd hi hefyd.

Jon Meirion Jones, hanesydd lleol

Roedd hi'n byw yn y lle delfrydol i rywun o'i natur hi, a digonedd o goed a phantiau i'w dringo ac i chwarae ynddyn nhw. Er i fechgyn y teulu gael addysg nid oedd yn arferol o gwbl i ferched gael y cyfle hwnnw yng nghyfnod Cranogwen – y patrwm arferol fyddai iddyn nhw ddysgu cadw tŷ a gwnïo er mwyn mynd i weini a phriodi yn y pen draw. Dyna oedd y ddelfryd. Ond roedd Cranogwen yn fwy ffodus – penderfynodd ei theulu y dylai gael addysg. Efallai fod y ffaith iddi ddysgu darllen ac ysgrifennu yn ifanc iawn yn sgil ei brodyr wedi cael dylanwad ar y penderfyniad. Anfonwyd hi i'r un ysgol â'i brodyr, Ysgol Huw Dafis, a gynhelid mewn hen sgubor:

Nid oedd ffenestr, boed siŵr; yr holl oleuni ar yr achos a ddeuai drwy y lowsedi – agoriadau wedi eu gadael yn y muriau i bwrpas ysgubor, yn ôl ffasiwn yr adeg honno ar ysguboriau, a thrwy y drws. Y plant yn eistedd ar feinciau culion oddiamgylch i'r tŷ, ar bwys y muriau, a'r hen athraw ar gadair yn agos i un pen, ac oddeutu canol y llawr.

Cranogwen, *Y Frythones*, 1883

Roedd Huw Dafis, mae'n ymddangos, yn athro o flaen ei oes o ran ei ddisgyblaeth, gyda'i lygaid trawiadol 'i wasgar

mellt o arswyd drwy galonnau torf o blant mewn
munudyn' yn ôl Cranogwen, a hefyd o safbwynt y pynciau
y byddai'n eu dysgu a'i allu i hybu'r plant yn eu blaenau.
Hawdd ydi meddwl bod cael disgyblion fel Cranogwen a'i
brodyr wrth fodd ei galon:

> Yr oeddym ni o blith yr ychydig a gafodd aros am rai
> blynyddau wrth draed Gamaliel yr ardal, a llwyddodd
> hynny, yng nghyd ag ychydig o dalent i ddysgu, i'n
> dyrchafu i ffafr go fawr ger ei fron.
>
> Cranogwen, *Y Frythones*, 1883

Roedd dau beth yn sicr o blaid Cranogwen fel disgybl:
roedd hi'n awchu am ddysg ac roedd ei thad yn barod i
brynu llyfrau iddi, ar ôl cryn berswâd weithiau:

> Fe ddaeth eisiau *Dictionary*, yn ôl fel y dangosai yr Hen
> Athraw, ond yr oedd hwn, hefyd, mor ddrud; gorchest
> fawr fu *dechreu* dweyd am dano ef – torri'r ia, i ddwyn
> ei enw i'r bwrdd; a dyn a'n helpo, bu raid dweyd a
> dweyd, a chrio, a llawer o bethau cyn ennill
> gwrandawiad a *chydsyniad*. Ond o'r diwedd fe gafwyd
> addewid oddiwrth y tad.
>
> Cranogwen, *Y Frythones*, 1883

Yr un fu'r broses gyda'r llyfrau *Arithmetic*, *Grammar* a
Geography yn eu tro, ond roedd y buddsoddiad yn un
gwerth chweil. Difyr yw nodi, wrth gwrs, mai llyfrau
Saesneg oedd y rhain i gyd ac mai yn Saesneg y cyfeirid
atynt.

Er y buddsoddiad mawr yn ei haddysg bu cryn drafod
beth oedd y cam nesaf i fod i Cranogwen, ac yn y diwedd,
yn groes iawn i'w dymuniad hi, penderfynwyd y dylai
hithau blygu i'r drefn arferol i ferched a mynd i Aberteifi i

ddysgu gwnïo. Ond doedd plygu i'r drefn ddim yn rhan o natur Cranogwen. Cyfnod anhapus iawn fu hwnnw yn ei hanes, yn rhannol am nad oedd yn un dda iawn am wnïo mae'n siŵr, ond yn fwy fyth am nad oedd ei chalon yn y gwaith o gwbl. Byddai'n ymbil am gael mynd gyda'i thad ar y môr, gan ddefnyddio'r un tactegau ag y bu'n eu defnyddio i gael llyfrau, mae'n debyg. Yn y diwedd, pan oedd hi tua phymtheg oed, llwyddodd i droi braich ei thad a chael mentro i'r môr:

> Masnach y glannau ydyn ni'n sôn amdano yn fan hyn, o'dd e ddim yn mynd ymhell. A dweud y gwir, fyddai Cranogwen, mae'n debyg iawn, wedi hwylio i fyny ac i lawr Aberdaugleddau ... *Ketch* odd hi, yn nodweddiadol o'r math o longau oedd yn hwylio'r glannau ar y pryd yng nghanol y bedwaredd ganrif ar bymtheg, llong a dwy hwylbren iddi.
>
> Dr David Jenkins, Uwch Guradur,
> Amgueddfa'r Glannau

Ar ôl ennill y frwydr i gael mynd i'r môr roedd brwydr arall yn wynebu Cranogwen, wrth gwrs – roedd yn rhaid iddi wynebu gweddill y criw a chael ei derbyn ganddyn nhw:

> Mi oedd 'na lawer iawn o ofergoelion am ferched yn mynd i'r môr. Mae'n debyg bod y ffaith bod ei thad hi'n frwdfrydig iddi fynd i'r môr os oedd hi eisiau mynd yn ei gwneud hi'n haws, ond yn sicr mi oedd 'na gryn ragfarn yn erbyn merched yn mynd i'r môr yn ystod y cyfnod yna.
>
> Dr David Jenkins

Ond llwyddo i ennill y frwydr honno hefyd a wnaeth Cranogwen trwy ei gallu ar y môr. Ceir disgrifiad ohoni yn dringo'r hwylbren fel gwiwer ac mae sôn amdani'n rhoi cyngor doeth i'w thad – yr oen yn dysgu'r ddafad o ddifrif!

Ar un fordaith arbennig roedd y llong yn dod lan â chwlwm o Hook ger Aberdaugleddau i Langrannog, a thu allan i Ben-caer ar bwys Abergwaun, storm ddychrynllyd ar y môr ac o'dd 'i thad isie mynd â'r llong i fewn yn agos at y creigie, ond mi ddywedodd hi na, aros allan ar y bae, ac mi roddodd hi ei thro'd i lawr: 'Dwi isie i chi fynd allan i'r bae, mae hi'n fwy diogel fan 'ny.' A hi enillodd y dydd – fe achubodd hi'r llong a bywydau'r morwyr 'run pryd.

Jon Meirion Jones

Ar ôl tua dwy flynedd ar y môr gyda'i thad, trodd llygaid Cranogwen yn ôl at fyd addysg, lle roedd ei chalon mewn gwirionedd. Mae sôn iddi fynd yn gyntaf i ysgol arbennig yng Ngheinewydd, Ysgol Twmi, lle roedd mordwyo yn un o'r prif bynciau, a bu mewn ysgol ym Mhont-siân cyn mynd ymlaen i Aberteifi ac yna cyn belled â Llundain lle bu'n astudio am ei Thystysgrif Meistr mewn mordwyo a llwyddo i'w chael. Mae'n drueni na fyddai rhagor o

Braf yw gweld cwch cyfoes yn arddel ei henw

gofnodion ar gael am y cyfnod i ni fedru mesur pa mor gyffredin oedd hi i fenyw wneud peth felly. Ond os yw'r rhestr o forwyr y llynges fasnachol yn ffon fesur deg, roedden nhw'n frid prin iawn, iawn. Aeth ymlaen wedyn i Lerpwl i gael addysg am Lenyddiaeth Saesneg gan ryw Miss Nicholson.

Wedi'r holl astudio, erbyn tua 1860, yn 21 oed, roedd hi'n ôl yn ei hardal enedigol yn athrawes yn ysgol pentre Pontgarreg. Ond roedd ganddi frwydr arall i'w hymladd.

Mae'n debyg bod aeliau wedi codi bod merch mor ifanc, a hyd yn oed merch, yn cael y swydd ond gydag amser, wrth gwrs, pan ddaeth y canlyniadau a'r ffordd roedd hi'n dysgu, fe ddaethon nhw dros y peth.

Jon Meirion Jones

Roedd y rhai fu yn yr ysgol yn cyfeirio at ei disgyblaeth:

Y mae gwialen gan yr ysgolfeistres hon, a digon o rym i'w defnyddio, ond nid yn aml y daw i'r golwg. Y mae ei hedrychiad yn fwy ei ddylanwad na'r wialen, a'i chyngor yn cyrraedd ymhellach na chosb gorfforol.

D. G. Jones, *Cofiant Cranogwen*

Roedd cadw disgyblaeth yn fwy fyth o gamp gan fod bechgyn hŷn yn mynd i'w hysgol hefyd, y rhai oedd am fynd ar y môr. Ond doedd hynny chwaith ddim yn broblem i Cranogwen:

Y mae sôn hyd yn oed heddiw yn Llangrannog a'r cylch am un bachgen oedd yn llawer mwy na phlentyn, yn cydio yn ei llaw pan oedd hi'n cywiro ei wers, ac yn derbyn bonclust annwyl yn dâl am hynny.

D. G. Jones

Roedd y bechgyn yma'n heidio i'r ysgol am fod newidiadau mawr wedi digwydd ym myd y morwyr a mwyfwy o bwyslais ar gymwysterau ffurfiol. Gan fod Cranogwen ei hun wedi dilyn y cwrs yn Llundain oedd yn cynnwys elfennau fel ysgrifennu'n daclus, deall pum rheol rhifyddeg, defnyddio logarithmau, gwybod sut i gywiro cwrs y llong, canfod lledred a hydred a gallu defnyddio secstant, roedd hi mewn sefyllfa berffaith i hyfforddi ac mae ei chofiannydd yn honni fel hyn:

Flynyddoedd lawer yn ôl, nid oedd môr yn unrhyw barth o'r byd na fyddai un o gapteiniaid Cranogwen yn llywio llong arno a thrwyddo.

D. G. Jones

Dyma'r cyfnod, yn ôl yn ei hen gynefin ac yn byw gyda'i mam, pan ddechreuodd Cranogwen farddoni o ddifrif. Ysgrifennodd y gerdd a ddyfynnwyd eisoes am Ddyffryn Crannog yn 1864 a byddai'n cystadlu'n aml yn lleol. Ond fel y soniwyd yn barod, yn 1865 y daeth i sylw Cymru gyfan, a hynny am ei buddugoliaeth â'r gân i 'Y Fodrwy Briodasol' yn Eisteddfod Genedlaethol Aberystwyth:

Dyma ferch ifanc chwech ar hugain oed yn ennill ar y gerdd yma, 'Y Fodrwy Briodasol', ond y peth a gododd y peth i'r newyddion oedd y ffaith ei bod hi wedi curo Ceiriog, ac wedi curo Islwyn ac wedi curo Mynyddog, a rhyw ddwsin o feirdd er'ill.

Tegwyn Jones,
awdur *Eisteddfod Genedlaethol Aberystwyth 1865*

Yr hyn oedd yn rhyfeddu pobl, wrth gwrs, oedd fod menyw wedi llwyddo yn hyn o beth. Cerdd ei hoes ydi'r gerdd, wrth gwrs, a dyma'r pennill olaf i roi blas ar yr arddull a'r cynnwys:

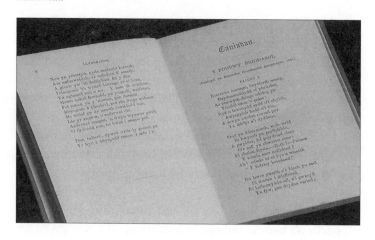

Y Fodrwy Briodasol

Y fath a hyn yw teimlad gwraig
A mam ar derfyn amser,
Wrth droi oddiwrth, a chanu'n iach
I'r cyfan fyd a'i bryder,
A'r fath, neu debyg, yw ei hiaith
Os bu hi fyw'n rhinweddol,
Wrth roi ei holaf ffarwel idd
Ei "modrwy briodasol".

Creodd ei buddugoliaeth ddiddordeb mawr ynddi, a
phawb yn awyddus i gael gweld y rhyfeddod yma.
Manteisiodd Cranogwen ar hynny a dechrau darlithio y tu
allan i'w hardal, yn Aberteifi i gychwyn yn 1865 ac yn fuan
iawn roedd galw mawr am gael ei chlywed, gan i'r bobl
sylweddoli – a rhyfeddu – fod gan y fenyw yma, mewn
gwirionedd, y ddawn a'r gallu i ddweud rhywbeth yn
effeithiol a difyr. Roedd hi'n oes aur ar gyfarfodydd dan
nawdd y capeli a galw mawr am ddarlithwyr drwy Gymru
gyfan. Dywedid bod Cranogwen yn cael dwy sofren am
ddarlithio, ynghyd â'i threuliau, oedd yn dâl tipyn gwell na
chyflog athro ar y pryd. Wrth i'w phoblogrwydd gynyddu

penderfynodd ei bod am adael ei gwaith fel athrawes, ac ym mis Ebrill 1866 cyfansoddodd ei 'Hanerchiad Ymadawol' cyn gadael yr ysgol.

O weld rhestr o destunau darlithoedd Cranogwen – Ieuenctid a Diwylliant Meddyliol, Anhebgorion Cymeriad Da, Cymru – ei Chrefydd a'i Haddysg, Doethineb y Pethau Bychain, Arian ac Amser, Ann Griffiths, y Gwron, Dyn, y Beibl ac yr Aelwyd – fe welir yn hawdd pam roedd ei darlithoedd yn apelio at gynulleidfaoedd y cyfnod. Roedd Cymru newydd fynd trwy Ddiwygiad mawr ac ysgubwyd Cranogwen hefyd yn ei afiaith:

Dwi'n meddwl bod Diwygiad 1859 yn gwbl greiddiol i hanes Cranogwen, dwi'n meddwl ei bod hi ar hyd ei hoes wedi teimlo peth o'r un brwdfrydedd crefyddol ac wedi ceisio ennyn hynny mewn pobl eraill trwy fynd i bregethu naill ai ar lwyfan neu mewn pulpud.

Dr Ceridwen Lloyd-Morgan,
awdur 'From Temperance to Suffrage?'

Ond dyma hi wedi mentro arloesi mewn maes arall nad oedd menywod i fod i fentro iddo ac mae llythyr a ymddangosodd yn *Y Gwladgarwr* ar 18 Awst 1866 gan un dan yr enw 'William' yn datgelu'r ymateb, a'i farn yntau, yn groyw iawn:

Peth sy'n tarawo yn ysmala ar fy nghlust i yw clywed fod ambell i beth 'bychan bach' o dan yr enw pregethwr, yn sôn ei fod yn dra anmhriodol i Cranogwen sefyll yn gyhoeddus i siarad fel y mae! Wel peth *odd* iawn i mi, fod y Brenin Mawr wedi rhoi mwy o gymhwysderau a thalent iddi at beth felly, nag i ambell 19eg o'r rhai sy'n ceisio gwneud *business* yn y *line* yna ...

'William' yn *Y Gwladgarwr*, 18 Awst 1866

Beth bynnag oedd barn rhai dynion cul fe ddaliodd Cranogwen ati a thyfodd ei phoblogrwydd. Os oedd yr ymateb iddi fel darlithwraig ymhlith rhai cylchoedd yn wrthwynebus, roedd y gwrthwynebiad iddi fel pregethwraig yn fwy amlwg fyth. Ni fyddai Cranogwen fyth yn ystyried ei hun yn 'bregethwr' – dim ond 'dweud tipyn' yr oedd hi, meddai hi. Ni roddwyd cydnabyddiaeth iddi fel pregethwraig gan unrhyw sefydliad chwaith – yn ôl ei chofiannydd, D. G. Jones, 'cael ei "goddef" yr oedd gyda'r gwaith o bregethu'. Ond mae'n cofnodi hefyd bod un pregethwr wedi gwrthod pregethu yn yr un oedfa â hi yn Aberdâr:

> Doedd y dynion o'dd yn bregethwyr ddim yn rhy hoff o weld merch yn esgyn i'r pwlpit ac yn cynnal gwasanaeth ac yn pregethu, ac o'dd hi, mae'n debyg, yn bregethwr eithaf da ... os yw dyn yn gweld menyw yn well 'na fe ei hunan, negyddol yw'r ymateb ma' arna i ofan.
>
> Bethan Roberts, hanesydd lleol

Roedd rhai yn troi at ddilorni hefyd:

> Mae 'na lot o sôn bod ganddi hi ryw lais cras a chydig yn ddwfn. Wrth gwrs, mi all hynny fod yn rhan o rethreg, 'O wel oedd hi ddim yn ddynes go iawn' yndê, achos byddai dynes go iawn wedi aros gartref i fagu plant. Roedd hi'n cael ei heclo gan ddynion. Dwi'n meddwl ei bod hi wedi cael amser caled ar y naw ac mae'n dangos mor ddewr ac mor ddygn oedd Cranogwen ei bod hi wedi dyfalbarhau.
>
> Dr Ceridwen Lloyd-Morgan

Dyfalbarhau yn sicr wnaeth hi a byddai'r bobl, yn ddynion

a menywod, yn heidio i wrando arni oherwydd ei harddull theatrig a chynnwys ei hanerchiadau. Roedd hi'n mwynhau teithio yn fawr a byddai ei theithiau yn aml iawn yn ei harwain i ardaloedd diwydiannol y de, a hynny pan oedd y Cymoedd yn datblygu'n gyflym iawn:

> Fe ddaeth hi i Dreherbert, ac fe fydde hi wedi gweld Treherbert yn datblygu. O'dd y rheilffordd newydd gyrraedd, o'n nhw'n codi tai teras, codi capeli, suddo pyllau glo. O'dd hi'n rhyw fath o Klondyke a phobl yn dylifo i mewn – o'dd hi'n gymdeithas eithaf peryglus, dyna'r peth cyntaf fyddai wedi ei tharo hi, fyddai newydd-deb y lle. Yr ail beth, fi'n credu, fydde wedi ei tharo hi, bydde'r ffaith ei bod hi'n gymdeithas wrywaidd iawn, llawer iawn iawn mwy o ddynion nag o ferched yma. Cymdeithas *macho* a dweud y gwir.
>
> Cennard Davies, hanesydd lleol

Yng nghanol y bwrlwm hwnnw aed ati i adeiladu capel Horeb, Treherbert. Byddai hwn yn gapel mawr a chymaint â 700 yn ei fynychu ar y Sul. Fel y gwyddai'r pwyllgor, roedd Cranogwen yn digwydd bod yn yr ardal yn darlithio pan ddechreuwyd ar y gwaith adeiladu, ac mae'r ffaith i'r swyddogion ofyn iddi hi osod y garreg sylfaen yn 1867 yn arwydd o'r parch mawr oedd iddi yn yr ardal:

> Fydde fe wedi bod yn anarferol bod merch i ddechre yn gosod y garreg sylfaen, ond yn sicr oedden nhw'n teimlo ei fod yn anrhydedd i'r capel hefyd yn ogystal ag i Cranogwen ei hunan.
>
> Cennard Davies

Oherwydd ei phoblogrwydd a'r sylw mawr a gâi fel darlithwraig mewn papurau newydd yng Nghymru daeth

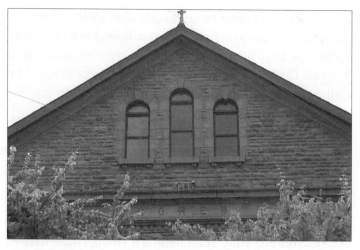

Capel Horeb, Treherbert

gwahoddiad iddi, yn 1869, i deithio i Unol Daleithiau
America i annerch y Cymry yn y capeli yno, a chan fod
antur yn ei gwaed fe dderbyniodd y cynnig yn frwdfrydig
iawn. Difyr yw hysbyseb yn *Y Gwladgarwr* dyddiedig 20
Mawrth 1869 sy'n darllen fel hyn:

> Ymfudiaeth i America. Gan fod y Parch. John Roberts,
> (Ieuan Gwyllt), yn nghyd a'i wraig a Miss Rees
> (Cranogwen), yn bwriadu myned drosodd i'r America,
> ar wahoddiad yr Eglwysi Cymreig yn y wlad honno,
> byddai yn ddoeth i bawb a hoffai eu cwmpeini ar y
> fordaith ddanfon yn ddi-oed eu henwau, eu hoedran, yn
> nghyda blaendal o £1 yr un, i Messrs Lamb & Edwards,
> 41, Union Street, Liverpool. Maent i hwylio yn yr
> agerlong ardderchog *Minnesota*, Captain Price, Cymro
> ar yr 20fed o Ebrill: bydd y Cymry oll gyda'i gilydd yn y
> llong.

Felly roedd Cranogwen yn cael ei hystyried yn werthfawr
hyd yn oed i gwmnïau masnachol!

Yn groes i'r hyn a ddywedir yn yr hysbyseb, cychwynnodd ar ei thaith o Lerpwl ar 28 Ebrill 1869. Glaniodd ar 7 Mai 1869 mewn gwlad oedd yn datblygu yn gyflym iawn a'r rheilffordd draw i'r gorllewin pell newydd ei hagor, ddim ond blwyddyn cyn i Granogwen gyrraedd. Treuliodd y misoedd cyntaf yn darlithio yn Efrog Newydd a'r taleithiau cyfagos, yna, pan ddaeth haf 1870 penderfynodd anelu am y gorllewin:

Mae'n anodd dychmygu beth oedd y daith honno oherwydd dim ond megis dechrau oedd datblygu'r Gorllewin, oherwydd pan gyrhaeddodd hi San Fransico oedd hi 'run fath â rhyw *building site* ac ae meddwl am rywun o gefn gwlad Cymru yn mentro o arfordir y Dwyrain mor bell a thrwy gymaint o 'nialwch, fe fydde'n andros o daith anodd a pheryglus.

Dr Ceridwen Lloyd-Morgan

Ac mae disgrifiadau Cranogwen ei hun yn cadarnhau hynny. Dyma rai o'i disgrifiadau o fis Awst 1870:

... minnau yn dyfod yn mlaen i'r Valley, heb neb i'm harwain ac yn gwmni, ond yr hogyn Indiad ... Teithio gryn lawer drwy ganol y coed, a thrwy anialwch brysglwyni ac arall; a chyrhaedd o'r diwedd i ben y – beth ei galwaf? – y clogwyn – y dibyn, ac i olwg y Dyffryn rhyfedd ac aruthrol. Y disgyniad iddo yn ddychrynllyd o serth, yn faith ac anhawdd! Y *ponies* bychain, dysgybledig, yn gwneud yn rhyfedd – yn disgyn hyd lwybrau y buasai un yn hytrach yn arswydo gwneud hyd-ddynt ar ei draed. Hynod, hynod, mor arw, mor serth, ac mor droellog y llwybr!

Gwaeth, yn wir, ydoedd y llwybr heddyw i ddyfod allan, neu ynte i fyny o, Yosemite, na'r un y dydd o'r blaen i fyned iddo. Dychrynllyd iawn oedd heddyw mewn ambell fan. Dyfod i Hodgin's i aros dros nos. Lle rhyfedd, newydd a di-drefn iawn.

Cranogwen, *Y Frythones*, 1884

Erbyn yr hydref roedd wedi mynd yn ôl i Bensylfania a llefydd eraill yr oedd wedi bod ynddyn nhw cyn ei thaith i'r Gorllewin ac yna teithiodd yn ôl i Gymru. Roedd ganddi, erbyn hyn, destun arall i ddarlithio arno a bu mynd mawr ar ei darlith 'Tu hwnt i'r Mynyddoedd Creigiog' sef ei disgrifiadau o'r hyn a welodd yr ochr draw i'r Rockies. Mae adroddiadau papurau newydd y cyfnod yn rhoi rhyw syniad i ni o'i phoblogrwydd. Yn y flwyddyn 1872, a defnyddio'r cofnodion sydd wedi goroesi yn unig, bu yn y Rhondda, Cemaes (Sir Drefaldwyn), Aberdâr, Llansamlet, Llandrillo, Dolgellau, Ffestiniog, Sir Fynwy a gorffen y flwyddyn ym Maes-glas, Sir y Fflint. Dim ond yr ymweliadau a gofnodwyd mewn papurau newydd ydi'r rhain, wrth gwrs, ond mae'n ddigon i brofi ei bod yn teithio Cymru benbaladr.

Roedd hi'n cael ei hystyried yn wraig gymharol gefnog yn ei hardal, ond yn fwy na dim roedd ganddi'r ddawn i gynnal digwyddiadau i godi arian sylweddol. Dyna wnaeth hi pan oedd ei chapel, 'y capel bach', mewn dyled oherwydd i'r aelodau ychwanegu tŷ capel a stabal ato. Roedd gweddill yr aelodau yn ddigalon iawn ond daeth Cranogwen i'r adwy a

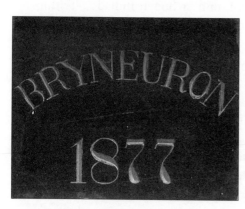

Bryneuron

threfnu cyngerdd mawr yn Aberteifi; fe gliriwyd y costau a'r ddyled yn rhwydd ac roedd ychydig o arian dros ben. Wedyn yn 1872 ychwanegwyd oriel at y capel ac fe dalwyd am honno, yn ôl *Hanes Methodistiaeth De Aberteifi* gan y Parch. J. Evans, 'trwy gasgliadau a thrwy ddarlithoedd Cranogwen.'

Adeiladodd gartref newydd iddi hi a'i rhieni hefyd yn 1877, sef Bryneuron. Roedd y tŷ newydd gyferbyn â'r 'Iet Wen', cartref ei ffrind mynwesol, Jane Thomas:

Jane Thomas oedd cymar bywyd Cranogwen, ac mae ychydig o gyfeiriadau ati fel rhywun oedd yn cefnogi Cranogwen yn ei hymdrech. Roedd Jane Thomas yn byw yn agos atyn nhw cyn bod y rhieni'n marw ac wedyn mae'n symud i mewn. Ac mae'n aml yn dweud bod Jane Thomas yn gefn iddi. Oedd cyfeillgarwch rhamantaidd rhwng merched yn reit boblogaidd ar y pryd. Oedd pobl fel tasen nhw'n derbyn e, wrth gwrs, doedd lesbianaeth ddim yn cael ei weld fel bod o'n bod, doedd e ddim yn anghyfreithlon, oedd hi jest yn ei dderbyn e, dyna oedd y berthynas bwysig yn ei bywyd hi.

Jane Aaron,
awdur *Nineteenth-Century Women's Writing in Wales*

Difyr yw sylwi yng nghyfrifiad 1911 fod Jane a Cranogwen yn byw yn 'Green Park, Llangrannog' ond mae'r ddwy wedi cael eu cofrestru ar wahân, Jane yn gyntaf gyda dwy ystafell yn y tŷ ac yna Sarah Jane Rees gyda thair ystafell. Efallai fod arwyddocâd hefyd eu bod wedi nodi yn gyntaf mai 'lodger' oedd Cranogwen ond yna wedi ei groesi allan a rhoi 'head' i bwysleisio eto eu bod yn byw ar wahân. Mae'n amlwg mai cerdd i Jane yw'r gerdd 'Ffrind' gan Cranogwen:

I seren deg dy wyneb di
Ni welaf fi un gymhar,
Er crwydro'n hir – yr un mor fad
Yn wybren gwlad y ddaear
Mae miloedd eraill, sêr o fri
Yn gloewi y ffurfafen;
Edmygaf hwy, ond caraf di
Fy Ngwener gu, fy "Ogwen".

Ac wedyn:

Ah, annwyl chwaer, rwyt ti i mi
Fel lloer i'r lli yn gyson;
Dy ddilyn heb orphwyso wna
Serchiadau pura'm calon.

Mae'r cyfan yn awgrymu bod mwy yma na chyfeillgarwch rhamantaidd yn unig.

Yn 1879 cychwynnodd Cranogwen ar fenter newydd sbon, sef cyhoeddi cylchgrawn i fenywod Cymru o'r enw *Y Frythones*. Dilyn yn ôl troed Ieuan Gwynedd a'i gylchgrawn yntau, *Y Gymraes*, a gyhoeddwyd am ddwy flynedd o 1850 ymlaen, yr oedd hi, ac mae'n cydnabod hynny yn ei hanerchiad i'r darllenwyr yn y rhifyn cyntaf:

Er dyddiau y llafurus a'r anfarwol Ieuan Gwynedd, ni fu gan lenyddiaeth Gymraeg yr un cyhoeddiad i ferched a gwragedd, ac nid oedd fawr argoel fod neb yn sylwi na neb yn symud, fel o'r diwedd, wedi ein cymell gan y Cyhoeddwyr a chan y wlad, tueddwyd ni i wneuthur prawf ar ein gallu ein hunain i wneuthur y diffyg i fyny.

Clawr Caniadau Cranogwen

A'i gobaith oedd:

> Os y llwyddwn i ychwanegu y teithwyr hyd ffordd
> darllen a myfyrdod, ni a wnawn hynny, a hyn yw ein
> hamcan.
>
> 'At ein Darllenwyr', *Y Frythones*, 1879

Mae'r cynnwys, wrth gwrs, yn adlewyrchu diddordebau
Cranogwen ei hun – erthygl am Elizabeth Fry, erthygl am
'Y Dyn Crist Iesu', cerdd gan Islwyn o'r enw 'Y Doethion',
stori am ddwy chwaer a cherdd gan Cranogwen ei hun,
teyrnged i'r bardd Islwyn, erthygl 'Iechyd a Phrydferthwch',
heb anghofio 'Hyn a'r Llall' gan Cranogwen, sy'n rhoi
cyngor doeth:

> Byddwch araf iawn i dderbyn cynigion dieithriaid. Y
> mae llafurwr plaen, neu grefftwr diwyd, yn llawer mwy
> na gwerth holl *ddandies* y byd. Ni wna swynion coegyn
> balch yn gwisgo cadwen aur, yn chwifio ffon, ac yn
> pwffio *cigar*, ac yn dwyn ar ei ysgwyddau gopa gwag,
> byth i fyny am golli cartref annwyl, gofal caredig a

chyngor diogel rhieni. Ferched! Gwyliwch rhag y ceiliog rhedyn hwn.

Y Frythones, 1879

Yn ogystal, mae erthygl am 'Y Teulu' gan yr olygyddes a 'Difyrion', sef storïau doniol. Mewn gwirionedd nid yw *Y Frythones* yn annhebyg o gwbl i *Y Gymraes* o ran cynnwys nac agwedd er bod bron i ddeg mlynedd ar hugain rhwng y ddau gylchgrawn. Y duedd yw pwysleisio rôl y fenyw fel mam a gwraig ac ychydig iawn o sylw a roddir i fenywod sy'n gweithio. Addysgu yw prif nod y cylchgrawn a chodi safonau moesol y menywod, yn union fel y ceisiodd Ieuan Gwynedd wneud yn syth ar ôl Brad y Llyfrau Gleision, ond mae rhai o bynciau llosg y dydd yn canfod eu ffordd i'r cylchgrawn hefyd, pynciau fel addysg uwchradd i enethod a dirwest. Er bod rhoi hawl i fenywod i bleidleisio yn bwnc a gâi sylw mawr yn Llundain, nid yw'n cael sylw amlwg ar dudalennau *Y Frythones*. Ond yn sicr roedd i'r cylchgrawn ei apêl:

Mae e'n fywiog iawn, *Y Frythones*, mae e'n gylchgrawn doniol ac mae hynny wrth gwrs yn fwy trawiadol yn y bedwaredd ganrif ar bymtheg na fydde fe'n awr, yn enwedig y golofn Cwestiynau ac Atebion – a hi fyddai'n cynhyrchu'r golofn 'na ac mae fe'n wir yn ffraeth.

Jane Aaron

Daw ffraethineb Cranogwen yn amlwg iawn yn y ffordd y mae'n ymdrin â'r cwestiwn (dychmygol, does bosib) canlynol:

Pa oedran tybed, yw y dyogelaf i ferched yn gyffredin fyned i'r ystâd briodasol ynddo?

Claudia, Aberporth

Nid atom ni, bid sicr y cyfeirid y gofyniad hwn; ond cymerwn ein rhyddid i ateb mai y dyogelaf i'r rhai y byddont yn methu penderfynu y cwestiwn ar eu rhan eu hunain, yw peidio myned o gwbl.

Y Frythones

Cyfrannodd *Y Frythones* at gryfhau sefyllfa menywod mewn cymdeithas mewn sawl ffordd, ond y ffordd bwysicaf, mae'n debyg, oedd annog menywod i gyfrannu at y cylchgrawn a chael hyder i ysgrifennu:

Mae'n ei gwneud hi'n eglur iawn yn *Y Frythones* bod hi moyn hybu menywod yn eu gyrfaoedd, moyn dod â nhw mas, moyn iddyn nhw ddarganfod eu llais eu hun. Wnaeth hi lwyddo i gael llawer o ferched i sgwennu i'r cylchgrawn, y mwyafrif ohonyn nhw ddim wedi sgwennu ac yn sicr ddim wedi cyhoeddi o'r blaen. Felly erbyn iddi orffen roedd hi wedi creu twr o awduresau yn y Gymraeg.

Jane Aaron

Bu'n olygyddes ar *Y Frythones* hyd 1889. Flwyddyn cyn hynny roedd wedi mentro i America am yr eildro, ond nid oedd yr ymweliad hwnnw wedi mynd cystal â'r cyntaf. Erbyn hyn roedd yn dioddef o'r felan a byddai honno yn ei llethu gan ei gwneud yn hollol ddiymadferth weithiau.

Ym mis Tachwedd 1899 ymddangosodd adroddiad yn y *Weekly Mail* yn cyfeirio at bwyllgor oedd wedi ei ffurfio i gasglu tysteb i Cranogwen. Mae'r gohebydd yn cloi trwy ddweud, 'ac nid oes gennyf ond gobeithio y daw Cymru allan yn deilwng ohoni'i hunan i anrhydeddu Cranogwen – boneddiges sydd wedi gwneud cymaint i hyrwyddo buddiannau uchaf ei gwlad.' A chafodd ei ddymuniad gan i

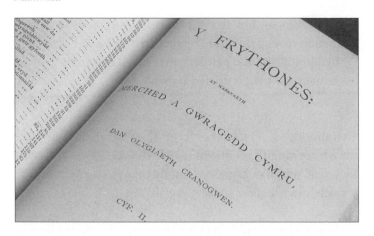

Y Frythones

£500 gael ei gyflwyno i Cranogwen yn ystod 1900, £75 o'r swm hwnnw wedi ei gyfrannu gan y llywodraeth.

Ond os mai rhyw fath o bensiwn oedd y swm uchod i fod, doedd gwaith Cranogwen ddim ar ben. Roedd un frwydr fawr ar ôl iddi. Cryfhaodd y mudiad dirwest yn America a Lloegr trwy gydol y bedwaredd ganrif ar bymtheg ac wrth i'r ardaloedd diwydiannol dyfu a chynyddu yng Nghymru a mwyfwy o dafarndai yn agor, daeth diota eithafol a'i effeithiau ar gymdeithas yn bryder gwirioneddol. Ymddangosai adroddiadau cyson yn y papurau newydd am achosion llys yn y *Police Court* a'r mwyafrif ohonyn nhw yn ymwneud ag effeithiau goryfed. Er enghraifft, yn ystod un wythnos ym mis Hydref 1898 yn Llys Heddlu'r Rhondda yn yr Ystrad roedd tri achos yn cael eu clywed, un am fod yn feddw ac afreolus ac ymosod ar heddwas; un yn deillio o ffrae yn y Cross Keys, Tonypandy a arweiniodd at ymladd; a'r olaf am ymladdfa a fu am 11 o'r gloch ar nos Sadwrn, ac er nad oes sôn am alcohol, mae'r amser yn awgrymu ei fod yno yn y cefndir yn rhywle. Roedd ymgyrchu mawr wedi bod i gael Deddf Cau ar y Sul yn 1881 yng Nghymru, y Ddeddf gyntaf i gydnabod Cymru fel endid ar wahân, gyda llaw. Anghydffurfwyr oedd fwyaf blaenllaw yn y frwydr honno a daeth dirwest yn un o brif gonglfeini daliadau'r eglwysi anghydffurfiol. Oherwydd y cefndir anghydffurfiol, effaith diota ar deuluoedd, a'i effaith yn y cymoedd diwydiannol yn arbennig, roedd hon yn frwydr amlwg i Cranogwen ymroi iddi. Roedd wedi defnyddio ei chyfnod fel darlithwraig i draethu am rinweddau dirwest, ac fe wnaeth yr un fath yn *Y Frythones*, fel y gwelir yn rhifyn mis Mehefin 1882:

Yn nglyn â'r achos dirwestol, fel yn wir yn nglyn â phob achos da arall, *deud* ac *anogi*'r hyn sydd bur a chanmoladwy ydyw prif swyddogaeth merched; hyn yw eu prif ddawn – yn hyn y maent yn bennaf o lawer yn rhagori ar y rhyw arall. Cydymdeimlad, tynerwch, ac amynedd, yw y doniau gwerthfawr anhebgorol angenrheidiol i'r gwaith o geisio gwaredu a gwrteithio y meddwon.

Y Frythones, Mehefin 1882

Hybu'r achos dirwestol

Yn ystod yr 1890au yr aeth menywod ati o ddifrif i ddilyn cyngor Cranogwen a gweithredu yn drefnus ar fater dirwest. Roedd Undeb Dirwestol Merched Gogledd Cymru wedi ei sefydlu ers 1892 a thyfodd yr awydd i sefydlu cymdeithas debyg yn y de. Er gwaethaf y felan oedd arni a bod llai o 'fynd' ynddi nag y bu, roedd un arweinydd amlwg i'r Undeb hwnnw. Roedd Cranogwen yn Nhonpentre yn annerch cyfarfod yn festri Jerusalem ym mis Mawrth 1901, pan ofynnodd i'r menywod 'aros ar ôl' i drafod y syniad o sefydlu Undeb Dirwestol i Ferched y Ddwy Rondda. Cydiodd y syniad ac yn eu cynhadledd ym mis Ebrill newidiwyd yr enw i gynnwys de Cymru i gyd, sef Undeb Dirwestol Merched y De:

> Oedd o'n fudiad oedd yn trio newid bywydau pobl, mi alwyd ar Cranogwen i ddod i'r adwy gan mai hi oedd y ddynes fwyaf amlwg a mwyaf profiadol mewn bywyd cyhoeddus yng Nghymru.
>
> Dr Ceridwen Lloyd-Morgan

Dyma gyfle i fenywod uno a gweithredu mewn ffordd nad oedden nhw wedi gwneud o gwbl cyn hyn:

> Wel, o ran menywod 'nath o roi llais iddyn nhw yng Nghymru fel oedden nhw ddim wedi cael llais tebyg o'r bla'n. Oedden nhw'n mynd i'r llys barn ac yn siarad yn erbyn tafarndai yn cael leisens, o'n nhw'n canu emynau o flaen tafarnau ... Oedden nhw'n martsio trwy'r strydoedd yn canu emynau dirwest.
>
> Jane Aaron

Roedd un nodwedd arall bwysig i'r mudiad newydd yma hefyd:

Doedd o ddim yn enwadol, felly yn sydyn roedd merched oedd falle yn Fethodistiaid yn cael cyfle i sgwrsio dros baned hefo merched oedd yn Annibyns, neu yn Fedyddwyr neu yn Eglwyswragedd. Oedden nhw'n lledu'r neges mewn ffordd reit wleidyddol.

Dr Ceridwen Lloyd-Morgan

Tyfodd y mudiad yn rhyfeddol yn ystod y blynyddoedd cynnar gan gael ei wthio ymlaen gan Ddiwygiad 1904–05 yn sicr, ac erbyn 1916 roedd 140 o ganghennau wedi eu sefydlu. Roedd egni mawr yn y mudiad:

... yn debyg iawn, dyweder, i fenywod dros y glowyr yn ystod streic 1984–85, menywod oedd ddim erioed wedi meddwl cymryd rôl yn gymdeithasol o'r blaen, ond nawr roedden nhw mas yn gyhoeddus, yn llawn egni, yn siarad ac yn brwydro. Dyna wnaeth yr Undeb Dirwest i ferched Cymru ar y pryd.

Jane Aaron

Nid y dynion oedd dan ddylanwad 'y ddiod gadarn' yn unig oedd dan sylw gan yr Undeb – roedd Cranogwen ei hun wedi bod yn dyst i sefyllfa drist yn y Rhondda. Roedd wedi bod yn y Llys yn yr Ystrad a gweld nifer o fenywod o flaen eu gwell am feddwi 'a'r drygau sydd ynglŷn â hynny' a'r ddedfryd oedd eu hanfon i Gaerdydd, i'r carchar, ar *remand*. Byddai hynny yn gwaethygu eu sefyllfa yn aml iawn. Penderfynodd Cranogwen yn y fan a'r lle bod angen rhyw fath o lety iddyn nhw yn y Rhondda i'w helpu a dangos ffordd well iddyn nhw. Roedd Cranogwen wedi dechrau rhoi arian o'r neilltu yn y banc ar gyfer y gwaith yma, ond nid oedd cynlluniau pendant wedi eu llunio cyn ei marwolaeth sydyn ym mis Mehefin 1916 yn 77 mlwydd oed. Penderfynodd menywod y Rhondda y byddai agor

Carreg fedd Cranogwen

lloches o'r fath yn deyrnged addas iawn i Cranogwen. Yn 1919 llwyddwyd i gael y tŷ cyntaf cyn ei werthu a phrynu tŷ arall, gwerthu hwnnw a chael digon o arian i brynu tŷ gwirioneddol addas a chael lleian i ofalu amdano. Ar 21 Mehefin 1922 agorwyd Llety Cranogwen yn swyddogol:

Mi sefydlon nhw Llety Cranogwen lawr yn y Rhondda a dwi'n meddwl bod hi'n brawf o'u hedmygedd ati hi a'r hyn a gyflawnodd hi fod nhw isio cael rhyw fath o gofeb barhaol iddi hi. Dwi'n meddwl ei bod hi wedi mynd yn eilun bron iddyn nhw.

Dr Ceridwen Lloyd-Morgan

Daeth yn esiampl yn sicr i fenywod Cymru o'r hyn y gellid

ei gyflawni o fod yn benderfynol a glynu at egwyddorion, ac mae'n sicr iddi hefyd fod yn fodd i ddynion weld y diffygion amlwg oedd yn y gymdeithas yn y cyfnod. Ond yr hyn wnaeth Cranogwen yn bennaf oedd ysbrydoli menywod Cymru i weld bod modd gwireddu breuddwydion trwy ddal ati, ac mae hi'n dal i wneud hynny.

Pennod 4

Dr Frances Elizabeth Hoggan 1843–1927

Wrth drafod Frances Hoggan mae'n hanfodol cynnwys y 'Dr' o flaen ei henw – bu ennill yr hawl i'r teitl hwnnw yn frwydr faith iddi. Hi oedd y Brydeines gyntaf i gael gradd feddygol o Brifysgol Ewropeaidd, a'r ail Brydeines i gael gradd feddygol o unrhyw fath, ond wedi iddi lwyddo yn y maes hwnnw aeth Frances ati drachefn i frwydro ar sawl ffrynt arall, y rhan fwyaf ohonyn nhw'n ymwneud â hawliau menywod i addysg neu ofal meddygol addas. Does dim amheuaeth nad oedd hi'n arloeswraig, felly, ond yr hyn sy'n drawiadol yw ei bod hi wedi cael cyn lleied o sylw am ei champ yma yng Nghymru.

Erbyn heddiw mae ein prifysgolion yn cynnig yr un cyfleoedd yn union i ddynion a menywod, ond does dim rhaid i ni edrych yn rhy bell yn ôl i weld cyfnod gwahanol iawn. Yng nghanol yr 1800au prin iawn oedd y cyfleoedd i fenywod astudio unrhyw fath o bynciau mewn prifysgolion a bu'n rhaid aros hyd 1869, gyda chyfraniad amlwg gan Emily Davies, un arall a hanai o Gymru, cyn i Goleg Girton yng Nghaergrawnt gynnig neuadd i fenywod oedd yn dilyn cyrsiau yno, er na fydden nhw'n cael gradd lawn gan y Brifysgol hyd 1948. Yr un oedd y sefyllfa yng ngholegau eraill Lloegr a'r Alban, a Chymru pan gafwyd un yma gyntaf. Ond trwy ymdrechion diflino rhai menywod goleuedig fel Frances Hoggan, mae menywod heddiw mewn sefyllfa lawer iawn gwell.

Frances Hoggan

Ond pwy oedd Frances Hoggan, a beth oedd ei chysylltiad â Chymru? Frances Elizabeth Morgan oedd hi pan gafodd ei bedyddio yn Eglwys Gadeiriol Aberhonddu ym mis Chwefror 1844. Ei thad, Richard Morgan, curad yr eglwys ar y pryd, a'i bedyddiodd hi a chofnodir enw ei mam fel Georgiana Catharina, ond doedd y teulu ddim yn wreiddiol o Aberhonddu. Roedd eu gwreiddiau yn ddwfn yn y gorllewin – mab hynaf fferm Trenewydd, Cronwern, Sir Benfro oedd ei thad ond aeth i Goleg yr Iesu, Rhydychen i dderbyn ei addysg. Llwyddodd i ennill gradd BA yno yn 1830 ac M.A. yn 1832 cyn mynd i'r offeiriadaeth. Roedd yn gurad yn Eglwys Gadeiriol Aberhonddu pan ddaeth gŵr o'r enw Louis Richard Vaughan a'i wraig Georgiana Catharina yno i fedyddio'u mab bach yn 1841. Roedd Georgiana yn wraig weddw yn fuan iawn wedi hynny, ond arhosodd yn Aberhonddu gyda'i chwaer, Emma, oedd wedi priodi John Jeffreys de Winton, bancwr yn y dref. Ym mis Ionawr 1843 priododd Richard a'r wraig weddw ifanc, Georgiana, oedd yn un o deulu Philipps Cwmgwili – teulu amlwg iawn yn Sir Gaerfyrddin. Trwy eu priodas felly unwyd un o deuluoedd mawr de Sir Benfro â theulu amlwg yn Sir Gaerfyrddin.

Cartref Frances

Ganwyd Frances ym mis Rhagfyr yr un flwyddyn.

Tua diwedd 1844 penodwyd Richard Morgan yn rheithor ar blwyf Aberafon a Baglan a symudodd y teulu yno yn 1845. Yno ganed dau frawd, Robert a Thomas, a dwy chwaer, Emma Jane a Catherine J., i Frances. Pan nad oedd Catherine ond ychydig fisoedd oed, ym mis Mawrth 1851, bu Richard Morgan farw gan adael Georgiana yng ngofal chwech o blant dan ddeg oed, oedd yn cynnwys ei mab o'i phriodas gyntaf.

Mae'r cofnod ar gyfer y teulu yn y cyfrifiad yn ddiweddarach yn 1851 yn adrodd stori drist: Georgiana, yn 30 oed, yn byw yn y Ficerdy ac yn 'Clergyman's widow'; roedd pedwar o'i phlant gyda hi a chwaer Richard a'i dwy chwaer hithau yn byw yno i'w helpu. Roedd Frances a'i brawd, Robert, draw yn Sir Gaerfyrddin yn aros ar fferm Maesgwrda, Talacharn, gyda'u hewythr, Thomas Morgan.

Erbyn cyfrifiad 1861 roedd Georgiana wedi symud i fyw ar y Stryd Fawr yn y Bont-faen. Mae'n cael ei disgrifio fel 'Landed Proprietor' erbyn hyn, sy'n awgrymu bod ganddi ddigon o fodd i fyw'n annibynnol. Tri phlentyn sy'n byw gyda hi yn ôl y cofnod – Louis Vaughan a Thomas a Catherine Morgan. Does dim sôn am Frances, ond gallwn fod yn weddol sicr iddi fyw yn y Bont-faen gan ei bod wedi cael rhywfaint o'i haddysg yno cyn cael ei hanfon i ysgol oedd yn cael ei rhedeg gan ffrindiau i'r teulu yn Windsor. Erbyn 1858 roedd wedi ei hanfon i Baris i ehangu ei gorwelion. Does ryfedd, felly, ei bod hi'n cael ei chofnodi

fel 'Scholar' yng nghyfrifiad 1861, ar fferm ei hewythr
Thomas Morgan eto, ond y tro hwn yn Cheshunt, Swydd
Hertford. Roedd Thomas wedi mynd trwy dro ar fyd go
sylweddol ers 1851. Roedd wedi colli ei wraig gyntaf,
Elizabeth, ac wedi priodi gwraig o'r enw Harriet Waters,
gweddw o Drefenty, Llandeilo Abercywyn. Wedyn, yn
1854, symudodd y ddau i ffermio Burnt Farm yn Cheshunt.
Beth bynnag am y cefndir, yno yr oedd Frances a'i chwaer,
Emma Jane, yn 1861 a'r ddwy yn cael eu disgrifio fel
'Scholar'. Difyr yw sylwi, wrth basio, fod mab Harriet
Waters o'i phriodas gyntaf, John George Waters, ar y fferm
hefyd a'i fod yn 'Medical Student'. Tybed ai dyma sut y
taniwyd diddordeb neilltuol Frances ym myd meddygaeth?

Yn yr un cyfnod, roedd teimlad yn cryfhau ymhlith
menywod fod angen gwneud rhywbeth pendant i newid y
sefyllfa ym myd meddygaeth:

> Mi a'th Elizabeth Blackwell i wneud cyfres o ddarlithoedd
> i'r Langham Circle yn Llundain – cymdeithas oedd y
> Langham Circle, cymdeithas o ferched addysgedig a
> oedd â diddordeb mewn materion yr oes ac yn cwrdd i
> drafod gwahanol bethe, a nath y darlithoedd ysbrydoli
> rhai o aelodau'r Langham Circle i roi eu henwau ymlaen
> er mwyn cymhwyso mewn meddygaeth, er enghraifft
> Elizabeth Garrett a Sophia Jex-Blake.
>
> Dr Angharad Davies,
Ysgol Feddygol Prifysgol Abertawe

Roedd Elizabeth Blackwell ei hun wedi cymhwyso yn
feddyg yn America gan nad oedd cyfle iddi wneud hynny
ym Mhrydain, a phan ddaeth Deddf Feddygol 1858 i rym,
roedd yn rhaid cael eich cynnwys ar y Gofrestr Feddygol
cyn gallu gweithredu fel meddyg. Dim ond graddau o
Brydain yr oedden nhw'n eu derbyn:

Mi oedd y proffesiwn meddygol newydd gychwyn y *medical register*, y gofrestr feddygol, a rhan o'r bwriad wrth gwrs oedd cael gwared â quacks – ac mi ddaru nhw lwyddo i neud hynny, ond roedd e hefyd yn meddwl bod merched oedd ddim yn cael cymryd gradd mewn prifysgol ym Mhrydain yn methu mynd ar y gofrestr feddygol.

Dr Angharad Davies

Llwyddodd Elizabeth Blackwell i gael ei chynnwys, trwy'r drws cefn fel petai, am fod pawb oedd wedi cael gradd cyn 1858 yn gymwys i gael ei gynnwys, ond er ei bod ar y Gofrestr doedd pethau ddim yn hawdd i Elizabeth:

... when the medical profession was heaping its anathemas, coupled with disgraceful epithets, on those women who chose the profession of medicine as a career.

Frances E. Hoggan yn 'Women in Medicine', *The Woman Question in Europe*

Felly trodd Elizabeth Blackwell ei chefn ar Brydain yn 1859 ac ni ddaeth yn ôl am ddegawd cyfan. Fu'r llwybr ddim yn hawdd i Elizabeth Garrett a Sophia Jex-Blake, chwaith. Aeth y ddwy i'r Alban i geisio cymhwyso ar ôl ceisio am le ym mhob coleg arall posibl. Derbyniwyd Elizabeth Garrett i Brifysgol St Andrews i ddechrau, ond penderfynodd y Brifysgol, yn dilyn protestiadau gan y myfyrwyr a rhai o'r darlithwyr, nad oedden nhw am ei derbyn wedi'r cyfan, gan fynnu rhoi ei ffi yn ôl iddi. Ond daeth un darlithydd i'r adwy, sef George Edward Day a roddodd wersi preifat iddi er mwyn iddi gyrraedd safonau Cymdeithas yr Apothecariaid. Y Gymdeithas honno oedd yr unig gyfle oedd gan fenywod i gymhwyso ar gyfer y Gofrestr

Feddygol ar y pryd ac yn 1865 fe lwyddodd Elizabeth Garrett:

> The important achievement of having obtained an English registrable diploma, although the lowest kind, cost Mrs (now Dr) Garrett-Anderson more time, money, perseverance and patience than would have been needed by a man to obtain the highest honours in his profession. No school in Great Britain would admit her as a student.
>
> Frances E. Hoggan yn 'Women in Medicine'

Dyma'r union lwybr oedd yn cynnig ei hun i Frances felly, ac aeth ati yn 1866 i ddilyn y cyrsiau angenrheidiol i gael ei derbyn. Bu'n rhaid iddi dalu am ddarlithoedd drud, ac mae'n nodi ei bod wedi gorfod talu cymaint â 50 gini am ddarlithoedd anatomeg. Wedi'r ymdrech, erbyn 1867 roedd hi wedi llwyddo yn yr arholiad cychwynnol yn y celfyddydau gydag anrhydedd. Ond gwelodd Cymdeithas yr Apothecariaid beth oedd ar fin digwydd:

> The council of the Apothecaries Society, realizing apparently for the first time that an invasion of the medical profession by women was imminent, held a meeting forthwith, and published, within a week, a resolution which in effect, although not in terms, excluded women thenceforward from any of the professional examinations.
>
> Frances E. Hoggan yn 'Women in Medicine'

Roedd hi'n edrych yn dywyll iawn ar Frances a'i huchelgais feddygol felly. Ond doedd hi ddim yn un i wangalonni a gwelodd ddrws arall yn agor iddi. Roedd Prifysgol Zurich wedi derbyn y fyfyrwraig gyntaf ar y cwrs i gael gradd

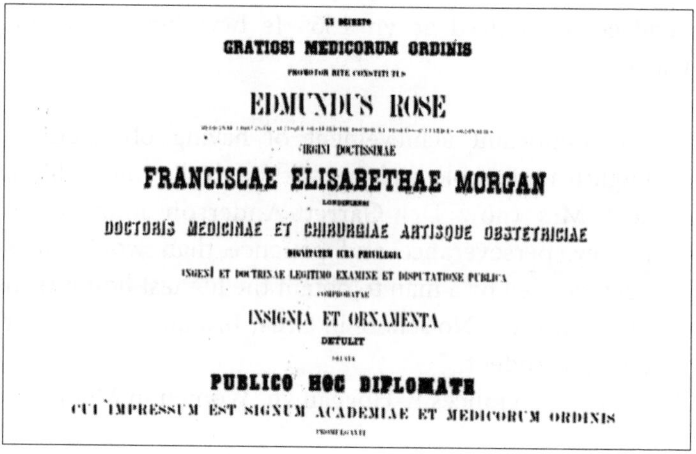

GRATIOSI MEDICORUM ORDINIS

PROMOTOR RITE CONSTITUTUS

EDMUNDUS ROSE

VIRGINI DOCTISSIMAE

FRANCISCAE ELISABETHAE MORGAN

DOCTORIS MEDICINAE ET CHIRURGIAE ARTISQUE OBSTETRICIAE

DIGNITATEM IURA PRIVILEGIA

INGENI ET DOCTRINAE LEGITIMO EXAMINE ET DISPUTATIONE PUBLICA

COMPROBATAE

INSIGNIA ET ORNAMENTA

DETULIT

PUBLICO HOC DIPLOMATE

CUI IMPRESSUM EST SIGNUM ACADEMIAE ET MEDICORUM ORDINIS

Tystysgrif gradd Frances

feddygol yn 1864, ac yn gynnar yn 1867 graddiodd Dr Nadeshda Suslova. Manteisiodd Frances yn llawn ar y cyfle:

> The next few years, spent in serious study, cheered by much professional kindness from both professors and students, form a bright spot in the life of one who began medical studies under difficulties unknown to the present generation of students.
>
> Frances E. Hoggan yn 'Women in Medicine'

Nid gwamalu mae Frances wrth sôn am 'serious study' chwaith. Llwyddodd i gwblhau'r cwrs chwe blynedd mewn tair, dysgu Sanskrit a chyflwyno ei thraethawd terfynol ar Ddystroffi'r Cyhyrau yn yr Almaeneg. Erbyn mis Mawrth 1870 roedd diddordeb mawr yn hanes y fenyw yma o Gymru ac ar ddiwrnod ei graddio bu'n rhaid symud y seremoni o'r lleoliad arferol i neuadd fawr y coleg, yr Aula, ac fel hyn mae Frances ei hun yn disgrifio'r digwyddiad:

On the wall of the Aula hangs the portrait of Charlemagne, the founder of the early Zurich school, and never had it looked down before on a more eagerly excited crowd than it did on that March morning in 1870, which so clearly placed beyond all doubt the interest which the question of medical women had called forth in the University and town of Zurich.

Frances E. Hoggan yn 'Women in Medicine'

Roedd Frances yn rhy wylaidd i gofnodi digwyddiadau rhyfeddol y seremoni raddio yn llawn, ond mae'r disgrifiad isod yn gwneud cyfiawnder â hi:

The audience numbered more than 400 and included fifty women who had come to give Morgan their moral support. Her reputation as an exceptionally able student and the suggestion of a disagreement between her and her research director, Anton Biermer, added to the interest. Her findings did indeed differ from material Biermer had already published, and after she had read a summary of her work he launched into a sharp, sometimes angry attack. People in the audience later reported a certain amount of tension building up in the auditorium. But Morgan remained unperturbed, took extensive notes as Biermer spoke, and then responded with a half-hour address in which she explained clearly that the basis of their disagreement lay in the fact that she had made use of British and American research not taken into consideration by Biermer. In the end he was well pleased with his student, and the consensus at the close of that remarkable day in the history of Zurich University was that Morgan's achievements were further strong proof of the success of the great social experiment then quietly under way there. Morgan herself became something of a legend at the university.

Mary R. S. Creese, *Ladies in the Laboratory?*
American and British Women in Science, 1800–1900

A dyna'r Brydeines gyntaf wedi cael gradd feddygol mewn prifysgol yn Ewrop felly, ond dim ond o ychydig fisoedd, gan i Elizabeth Garrett hefyd raddio o'r Sorbonne ym Mharis ym mis Mehefin yr un flwyddyn. Rhaid cofio bod rheolau'r Gofrestr Feddygol yn nodi nad oedd gradd o unman heblaw Prydain yn ddigon da i'r deiliad gael ei gynnwys ar y Gofrestr ac felly doedd enw 'run o'r ddwy ar hwnnw. Doedd cael gradd yn unig ddim yn ddigon i Frances – aeth ymlaen i Fiena i astudio bydwreigiaeth ac yna bu ym Mhrâg a Pharis yn astudio cyn dod yn ôl i Brydain yn niwedd 1870.

Prin oedd y cyfleoedd yr oedd ei chymhwyster newydd yn eu cynnig i Frances:

Roedd y rhan fwyaf o'r merched meddygol cynnar yn mynd mewn i'r gwaith isaf ei statws o fewn meddygaeth. Oedden nhw ddim yn cael eu cysidro yn addas i drin oedolion gwrywaidd, felly plant a merched oedd eu maes nhw am amser hir. Mi a'th hi'n ôl i weithio gydag Elizabeth Garrett.

Dr Angharad Davies

Yn 1866 roedd Elizabeth Garrett wedi sefydlu'r St Mary's Dispensary for Women and Children, oedd â menywod ar y staff, ac roedd cleifion yn heidio yno. Tyfodd yr ysbyty ac yn 1872 rhoddwyd enw newydd iddo, y New Hospital for Women.

Cynhaliwyd y cyfrifiad nesaf yn 1871 a thrwyddo, unwaith eto, cawn gip ar fywyd Frances. Roedd yn byw yn

Upper Gloucester Place, ardal gyfagos i St Mary's
Dispensary yn Marylebone, yn 27 oed, yn ddi-briod ac yn
cael ei disgrifio fel 'MD of Zurich'. Yn byw yno hefyd roedd
ei mam, Georgiana C. Morgan, yn weddw 50 oed, ac Elise
Morgan sydd, yn ôl y cofnod, yn nith 9 oed i Frances, wedi
ei geni ym Mrwsel. Yn y cyfrifiad nesaf mae Elise eto yn
byw gyda Frances, ond yn cael ei disgrifio fel chwaer iddi.
Arweiniodd yr amwysedd yma, a'r ffaith fod Elise yn byw
gyda Frances yn y ddau gyfrifiad, at amheuaeth mai
plentyn Frances oedd Elise mewn gwirionedd:

Mae'n debyg bod Frances wedi cael plentyn a gafodd ei
magu fel ei chwaer, bod ei mam wedi penderfynu, yn
ddewr iawn, y bydden nhw'n magu'r plentyn fel un o'r
teulu. Petai'r fam wedi cymryd agwedd wahanol yna
mae 'na bethau tywyllach wedyn yn dechre croesi ...
bydde 'na erthyliad ... mi oedd yn digwydd yn gyffredin
yng Nghymru. Yn aml iawn gallwch ddarllen hanesion
pobl yn dod o hyd i gyrff babanod ifanc iawn mewn cwt
moch ac yn y blaen. Bydden i'n meddwl bod Frances

Ysbyty Elizabeth Garrett

wedi bod yn arbennig o lwcus o'i mam achos mae hi yn taro fel rhywun sydd wedi bod yn berson o flaen ei hamser, wedi cymryd agwedd fwy tosturiol tuag at y sefyllfa.

Dr Russell Davies, hanesydd cymdeithasol

Felly roedd agweddau'r oes Fictoraidd, mae'n debyg, wedi gorfodi Frances i guddio'r ffaith ei bod wedi cael plentyn – ac roedd ganddi hi reswm arall hefyd wrth gwrs:

She had determined on medicine as a career, perhaps before she became pregnant, and I think that would have been impossible if she had been known to have an illegitimate child in those times.

Yr Athro Neil McIntyre,
awdur *How British Women Became Doctors*

Nid oes cofnod bod Frances erioed wedi cydnabod bod Elise yn ferch iddi, ac ymfudodd Elise a'i gŵr, John Evans, offeiriad yn Eglwys Lloegr, i Ganada yn 1911.

Er bod digon iddi ei wneud yn ei gwaith bob dydd, doedd dim pall ar ymdrechion Frances dros fenywod ac iechyd menywod. Yn 1871 aeth Elizabeth Blackwell a hithau ati i sefydlu'r National Health Society. Bwriad y gymdeithas, oedd â'r ymadrodd Saesneg 'prevention is better than cure' yn arwyddair iddi, oedd cynnal darlithoedd ar faterion allai gael dylanwad ar iechyd y cyhoedd – pynciau amrywiol fel atal afiechydon heintus ac effaith y modd yr oedd pobl yn gwisgo ar eu hiechyd. Er mai menywod o'r dosbarth uchaf oedd yn mynychu'r darlithoedd, y gobaith oedd y bydden nhw'n lledaenu'r neges ymhlith eu cydnabod i gyd.

Yn 1874 daeth tro ar fyd yn hanes Frances pan briododd feddyg o'r Alban o'r enw George Hoggan. Roedd George wedi chwarae ei ran yn ystod helynt ym Mhrifysgol Caeredin ynglŷn â Sophia Jex-Blake, un o'r menywod a ysbrydolwyd gan Elizabeth Blackwell yn y Langham Circle. Ar ôl methu mynd i mewn i'r un brifysgol yn Lloegr roedd hi wedi troi ei golygon at Brifysgol Caeredin. Wedi dechrau addawol yno aeth pethau'n chwerw iawn – roedd tensiynau rhwng y 'sefydliad' a rhai o'r myfyrwyr gwrywaidd, a'r darlithwyr oedd yn awyddus i fenywod gael hyfforddiant meddygol. Roedd George Hoggan yn un o gynorthwywyr y darlithydd anatomeg ar y pryd ac yn frwd iawn ei gefnogaeth i'r menywod. Wedi i'r Brifysgol eu troi allan roedd yn awyddus i roi darlithoedd allanol iddynt, ond gwrthododd y Brifysgol gydnabod ei fod yn addas i'w hyfforddi, ac felly fyddai unrhyw ddarlithoedd ganddo ddim yn cyfrif at eu gradd. Mae disgrifiad Sophia Jex-Blake o'r sefyllfa yn rhoi awgrym o'r chwerwedd oedd yn bodoli ar y pryd:

> We had also had a course of Practical Anatomy with Dr Hoggan ... though unfortunately the latter class was technically 'non-qualifying' because the University authorities, having learned to whom Dr Hoggan wished to lecture, refused to 'recognize' his lectures.
>
> Sophia Jex-Blake,
> *Medical Women: A Thesis and a History*

Ond mae'n amlwg nad oedd George Hoggan yn cytuno'n llwyr â dulliau'r pum merch fu ym Mhrifysgol Caeredin – neu eu harweinydd, Sophia Jex-Blake, o leiaf:

> As one of the most devoted servants and supporters of the cause of medical women at that time in Edinburgh, I may describe what I, from personal knowledge, know to be the turning point at which the cause, which

seemed to have a fair chance of success, was destroyed
by the injudicious conduct of its leader.

Cyfraniad George Hoggan i 'Women in Medicine',
The Woman Question in Europe

Yn yr un erthygl mae George yn pwysleisio y dylai
menywod astudio'n dawel a llwyddo i ddisgleirio heb
dynnu gormod o sylw atynt eu hunain, gan awgrymu'n
amlwg mai dull Frances oedd y dull gorau o herio
cyfyngiadau'r byd meddygol.

Nid fel meddyg yr oedd George Hoggan wedi dechrau
ei yrfa. Ymunodd â Llynges yr India fel prentis peiriannydd
a llwyddo i gymhwyso yn beiriannydd cyn troi at
feddygaeth.

Priodas George a Frances, ar 1 Ebrill 1874, oedd y
briodas gyntaf rhwng dau feddyg ym Mhrydain. Sefydlodd
y ddau bractis meddygol gyda'i gilydd yn eu cartref yn 13
Granville Place, Llundain, ond yn fwy trawiadol na hynny
cyhoeddasant lu o bapurau ar eu hymchwil meddygol,
pwysig yn eu cyfnod, gyda'i gilydd. Ymddangosodd
cymaint â 22 o'u papurau ymchwil ar y cyd mewn
cyhoeddiadau meddygol yn Saesneg, Ffrangeg ac
Almaeneg mewn cyfnod o wyth mlynedd rhwng 1875 ac
1883. Roedd y pynciau yn amrywiol gan gynnwys anatomi
a ffisioleg y chwarennau lymff a nerfau yn y croen ac effaith
cancr a'r gwahanglwyf ar y rhain.

Er i Frances lwyddo mewn sawl agwedd ar ei gyrfa nid
oedd ei henw ar y Gofrestr Feddygol o hyd gan nad oedd
ganddi radd o Brydain. Ond roedd y frwydr yn parhau ac
yn 1876 cafwyd buddugoliaeth fawr:

Yn 1876 mi basiwyd yr Enabling Act, diolch i waith Jex-
Blake a'i chefnogwyr, yn dweud bod Prifysgolion yn cael
rhoi graddau meddygol i ferched os oedden nhw eisiau.

Un o'r llefydd cyntaf i benderfynu gwneud hyn oedd y Kings and Queens College of Physicians yn Iwerddon, felly aeth Frances yno i wneud yr arholiad.

Dr Angharad Davies

Llwyddodd Frances yn yr arholiad, wrth gwrs, ac mae'r cofnod o hynny yn y *Western Daily Press* ar 1 Mawrth 1877 yn ddadlennol:

... just passed a successful examination in Dublin, and has received the licences in medicine and midwifery of the King's and Queen's College of Physicians in Ireland, which of course secure for her official recognition in the United Kingdom. By a singular coincidence on the same day Dr George Hoggan, the husband of Mrs Hoggan, was attending at the reading of their joint paper on 'Lymphatics of Muscles' at the meeting of the Royal Society on Thursday last. This subject is one of the most intricate and mysterious known in physiological science, and it is rather singular that one of the sex whose incapacity for medical pursuits has been so continually asserted should have been a principal agent in elucidating this obscure problem; and has accomplished the work, moreover, without the infliction of the smallest pain.

Felly dyma Frances eto yn arloesi yn ei ffordd dawel ei hun. Mae'r cyfeiriad yn y cymal olaf un yn arwyddocaol hefyd. Roedd George Hoggan yn amlwg iawn yn yr ymgyrch yn erbyn bywddyraniad (*vivisection*), ac yn un o sylfaenwyr, gyda Frances, y Victoria Street Society for Protection of Animals from Vivisection a fu'n fodd i gael Comisiwn Brenhinol i drafod y mater. Arweiniodd hynny yn y pen draw at lunio deddf, sydd eto'n dangos parodrwydd y ddau i herio'r drefn bob amser ac ymgyrchu'n frwd dros bopeth yr oedden nhw'n credu ynddo.

Yn ogystal â chyhoeddi papurau gwyddonol gyda George, cyhoeddodd Frances o leiaf 14 o bapurau yn ei henw ei hun hefyd, ac o sylwi ar eu teitlau ceir syniad go dda o'r math o bynciau yr oedd yn ymddiddori ynddyn nhw: 'The Position of the Mother in the Family', 'Hygienic Requirements of Sick Children', 'Advantages of a Vegetarian Diet in Workhouses and Prisons', 'The Position of the Mother in the Family in its Legal and Scientific Aspects', a 'Sanitary Conveniences for Women'. Yn hwnnw mae Frances yn sôn am:

> the sufferings ... physical and mental endured for want of water-closet accommodation when away from ... homes. Speaking as the medical adviser of women of all classes ... no other sanitary appliance so urgently needed by women ... Childbearing ... renders them liable to accidents ... endure much mental agony, as well as frequently great physical inconvenience and pain, for want of precisely the accommodation ... afforded them by accessible water closets and the supervision of some kindly helpful woman.
>
> Frances E. Hoggan,
> 'Sanitary Conveniences for Women'

Arweiniodd ei hymdrechion hi a'r Ladies Sanitary Association (oedd, roedd cymdeithas o'r fath yn bod) at weld mwyfwy o doiledau cyhoeddus yn cael eu hadeiladu gan gynghorau lleol.

Mae'n amlwg bod ei harbenigedd ym maes iechyd yn y cartref a lles menywod yn gyffredinol yn cael ei gydnabod yng Nghymru. Yn 1885 gofynnwyd iddi hi, ar y cyd â Cranogwen ac Evan Jones, feirniadu cystadleuaeth y traethawd yn yr Eisteddfod Genedlaethol ar 'Gwaith a chenhadaeth dynes yn y teulu a'r glaf-ystafell'. Mae hyn yn codi llu o gwestiynau difyr, gan gynnwys yr un amlwg am iaith y gwaith dan sylw.

Gallwn brofi bod Frances Hoggan wedi mynychu Eisteddfod Genedlaethol 1882 yn Ninbych gan iddi gyflwyno papur i'r Cymrodorion yno. Roedd testun yr anerchiad hwnnw yn agos iawn at ei chalon, sef 'Addysg Merched', ac mae'n werth dyfynnu sylwadau'r gohebydd yn y Faner am ei hanerchiad:

Dylem ddyweyd fod Mrs Hoggan yn gosod pwysigrwydd mawr ar fod genethod yn cael eu disgyblu yn dda mewn ymarferiadau corphorol cyfaddas i ddadblygu y cyhyrau a'r gewynnau yn gystal â dadblygiad eu galluoedd deallol. Rhoddodd bwysigrwydd mawr ar ddwyn y plant i fyny mewn moesoldeb, a gwnaeth sylwadau synhwyrgall ar yr enbydrwydd i foesoldeb y plant sydd yn anwahanol gysylltiedig â'r ysgolion cymysg.

Baner ac Amserau Cymru, 30 Awst 1882

Roedd addysg menywod, yn naturiol, yn agos iawn at galon Frances. Yn 1877 cyhoeddodd erthygl dan y teitl 'On the substitution of scientific studies for fancy work in the education of girls' yng nghylchgrawn y Society of Arts, lle mae'n dadlau'n daer dros gynnwys botaneg a ffisioleg yn y cwricwlwm i ferched hefyd. Yn yr erthygl hon mae'n cynnwys y frawddeg ysgubol 'A microscope should be considered as indispensable as a piano in every school' – brawddeg oedd yn chwyldroadol mewn cyfnod pan oedd creu menywod taclus, ufudd, cerddorol yn bwysicach na rhoi cyfle iddyn nhw ddatblygu eu gallu meddyliol.

Nid gwyddoniaeth oedd yr unig agwedd ar addysg

menywod oedd yn bwysig yng ngolwg Frances – fel y gwelir yn y dyfyniad uchod roedd 'ymarferiadau corphorol cyfaddas' hefyd yn agwedd allweddol. Yn 1879 cyflwynodd bapur i'r Frobel Society, 'On the physical education of girls'. Mae'n debyg mai'r diddordeb amlwg yma a arweiniodd at ei phenodi yn feddyg ysgol yn y North London Collegiate School – ysgol i ferched oedd yn y cyfnod yn arloesol dan arweiniad y brifathrawes rymus, Frances Mary Buss. Gan fod yr ysgol wedi penderfynu cynnwys ymarfer mewn campfa fel rhan o'r cwricwlwm roedd yn hanfodol cael meddyg i brofi nad oedd yr ymarfer corff hwnnw yn gwneud drwg i'r merched. Er mwyn cyfiawnhau ei dadl dros ymarfer corff roedd Frances yn cadw cofnodion manwl am y merched ac yn nodi'n ofalus iawn pa ymarfer yr oedd hi'n ei argymell i ferched oedd ag unrhyw broblemau. Roedd hi'n barod i amddiffyn hawl merched i gael ymarfer corff fel hyn yn gyhoeddus, fel y gwelir mewn llythyr ganddi yn y *London Evening Standard* ar 18 Chwefror 1885 sy'n cyfeirio at farwolaeth merch ifanc mewn campfa. Roedd hi'n gweld perygl y byddai'r un achlysur hwnnw yn cael ei ddefnyddio

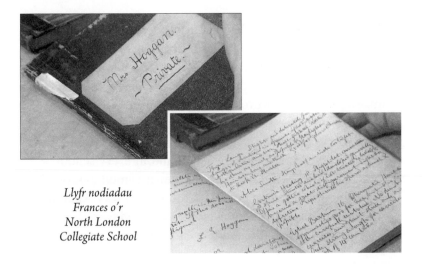

Llyfr nodiadau
Frances o'r
North London
Collegiate School

fel dadl yn erbyn gadael i enethod wneud ymarfer corff. Mae'n pwysleisio fel hyn:

> Had there been anything like efficient medical supervision of the girls attending the Gymnasium referred to in the report of the inquest, a girl with valvular disease of the heart would not have been allowed to perform any feats of skill, but would have been restricted to the quietest exercises, if admitted at all.
>
> ... for it is impossible to give to the girls an equivalent, on any large scale, for the invigorating, health-preserving exercises provided for them in all well arranged Gymnasiums.
>
> Frances Elizabeth Hoggan MD,
> *London Evening Standard*, 18 Chwefror 1885

Oedd, roedd Frances yn frwd dros addysg yn gyffredinol ond bu'n arbennig o weithgar yn brwydro dros addysg i ferched yma yng Nghymru, lle gwelai'r sefyllfa yn druenus. Er gwaetha'r ymateb ffyrnig i Frad y Llyfrau Gleision a'r amlygrwydd a roddwyd i addysg yng Nghymru yn ei sgil, ychydig iawn o sylw fu i addysg genethod. Unwaith eto, heriodd Frances y drefn:

> Roedd rhai ysgolion yn rhoi addysg tu hwnt i'r lefel elfennol – Ysgol Dr Williams yn Nolgellau, Ysgol Howells yn Llandaf ac Ysgol Howells yn Ninbych – ond prin iawn oedd y merched fyddai'n mynd i'r rhain er bod rhai lleoedd elusennol iddyn nhw.
>
> Un o'r pethe roedd Francis isie wneud oedd sicrhau bod yr arian elusennol yn cael ei ddefnyddio'n dda ac i sicrhau fod y merched yma yn cael mynediad i addysg.
>
> Dr Sian Rhiannon Williams, hanesydd

Aeth Frances ati i fynegi ei barn drwy gyhoeddi llythyrau yn y wasg a llyfryn wedyn yn 1882 o'r enw *Education for Girls in Wales*. Roedd ei dealltwriaeth o'r sefyllfa yng Nghymru yn drwyadl – roedd, fel y dywed Dr Emyr Wyn Jones, 'yn dangos amgyffrediad arbennig o'r sefyllfa addysgol yng Nghymru'. Roedd am weld drysau Coleg Dewi Sant, Llanbedr Pont Steffan yn cael eu hagor i fenywod ynghyd â drysau'r coleg lle bu ei thad, sef Coleg yr Iesu, Rhydychen. Roedd Frances yn feirniadol iawn o'r ddwy ysgol Howells yng Nghymru, un yn Ninbych a'r llall yn Llandaf, gan gwyno nad oedd digon o gynrychiolaeth i anghydffurfwyr ynddyn nhw. Yr unig ysgol sy'n cael canmoliaeth ganddi yw Ysgol Dr Williams yn Nolgellau, er bod Ysgol Caerfyrddin yn dangos cynnydd hefyd yn ei barn hi. Gwelai Frances fod gwastraff arian mawr yn yr ysgolion yma ac y dylen nhw ddefnyddio unrhyw arian oedd dros ben i helpu genethod na allai fforddio addysg fel arall. Mae paragraff clo ei llyfryn yn nodweddiadol o'i dull cadarn o gyflwyno ei dadl:

On points of detail, there is much room for difference, nay even for divergence of opinion; but on the main question of affording to girls equal opportunities with their brothers, of education and training, equal opportunities of fitting themselves for the intelligent performance of their future duties in life, equal opportunities of cultivating those gifts and graces, those powers of mind with which Welshwomen are by nature richly endowed, there can be but one opinion. Patriots, republicans, friends of the people, and all those who care deeply for the welfare of the Principality, all admit that it is only by making the foundations of education strong and deep, so strong and deep that it will reach not one sex only but both, that the full measure of national prosperity, of national happiness and usefulness, and of national growth can be attained.

Frances E. Hoggan, *Education for Girls in Wales*

Mewn llythyr yn y *South Wales Daily News* ar 7 Chwefror 1882 mae hi eto'n pwyso am addysg ganolraddol i enethod Cymru. Pwysleisia y byddai hynny yn cadw'r merched yng Nghymru gan fod tuedd, fel y gwelodd ei hun, wrth gwrs, i ddisgyblion a âi i Loegr i astudio aros yno wedyn. Nid addysg ganolraddol neu uwchradd yn unig oedd yn cael sylw Frances chwaith:

Roedd hi wedi bod yn rhan o'r ymgyrch i sicrhau fod merched yn cael mynediad i'r prifysgolion yn Lloegr ac yng Nghaeredin, ac wedyn yn rhan o'r ymgyrchoedd i gael colegau prifysgol i Gymru. Roedd hi hefyd, wrth gwrs, yn cefnogi rhoi graddau llawn i ferched a hefyd yn ymgyrchu i gael neuadd breswyl ar wahân i ferched – ac fe agorwyd Neuadd Aberdâr sydd yn rhan o brifysgol Caerdydd.

Dr Sian Rhiannon Williams

Dangosodd Frances ei chefnogaeth frwd i'r neuadd honno a bu'n cadeirio'r pwyllgor oedd yn ei rhedeg am gyfnod.

Brwydr arall oedd yn agos at galon Frances oedd yr un i gael menywod yn feddygon yn India. Roedd ymdeimlad cyffredinol bod angen mawr am fenywod o feddygon yn y wlad gan nad oedd gadael i ddynion ofalu am fenywod yn dderbyniol am resymau crefyddol. Gan fod George, ei gŵr, wedi bod yno yn y llynges roedd y sefyllfa hon o ddiddordeb mawr iddi. Datblygodd y mater yn bwnc llosg ym Mhrydain a chamodd Frances, fel arfer, yn ddewr i'r frwydr gan gyflwyno'i phapur 'Medical Women for India'. Credai llawer mai anfon menywod o Brydain i India oedd yr ateb ond dadleuai Frances yn gryf fel arall – mai hyfforddi menywod India i fod yn feddygon eu hunain fyddai orau.

Arwydd o'r parch tuag at Frances yn ei chyfnod, yn sicr, oedd ei bod wedi cael gwahoddiad gan Theodore Stanton, golygydd y gyfrol bwysig ar sefyllfa menywod yn Ewrop yn yr 1880au, *The Woman Question in Europe*, i ysgrifennu'r bennod am feddygaeth. Mae'n ddisgrifiad manwl o'r frwydr fawr a fu, y llwyddiannau a'r anawsterau oedd yn wynebu menywod, ac yn dal i wynebu menywod erbyn 1884. Defnyddiodd Frances y cyfle i roi cerydd i'r sefydliadau meddygol oedd yn dal i gadw'r menywod allan, cyrff fel y Gyngres Feddygol Ryngwladol yn Llundain yn 1881 lle nad oedd menywod yn cael mynd i ddim byd ond 'the social and ceremonial meetings'. Roedd y Gymdeithas Feddygol Brydeinig yn ei chael hi hefyd gan eu bod wedi pennu yn 1877 fod menywod yn 'ineligible for future election'. Ond mae'n gorffen ar nodyn buddugoliaethus trwy nodi, erbyn 1882, fod enwau 26 o fenywod ar y Gofrestr Feddygol. Fel y nodwyd eisoes, cyfrannodd George hefyd at yr erthygl hon, i esbonio'r sefyllfa rhwng Sophia Jex-Blake a Phrifysgol Caeredin, ac o ddarllen

rhwng y llinellau gallwn gasglu nad oedd Sophia Jex-Blake yn hapus iawn â'i sylwadau. Yn 1886 cyhoeddodd hithau lyfr, *Medical Women: A Thesis and a History*, ac yn y rhagair mae awgrym cryf mai ei bwriad oedd ymateb i honiadau Frances a George Hoggan. Efallai fod y ffaith nad yw'n crybwyll enw Frances, ac yn dilorni braidd y rhai aeth dramor i wneud eu gradd, yn dweud llawer am eu perthynas. Tybed ai dyma

Carreg fedd George Hoggan

lle deilliodd y duedd i anghofio am gyfraniad aruthrol Frances yn y maes?

Yng nghanol eu prysurdeb proffesiynol bu'n rhaid i Frances a George wneud penderfyniad pwysig yn niwedd 1884. Roedd iechyd George wedi dirywio ac roedd angen iddo symud i hinsawdd well. Mudodd y ddau i dde Ffrainc gan adael eu gwaith a'u brwydrau ym Mhrydain. Buont yno am saith mlynedd, ond yn ystod 1891 bu George farw a dychwelodd Frances i Loegr. Amlosgwyd corff George, a chladdwyd y llwch yn Woking dan garreg fedd drawiadol iawn. Mae cennin Pedr yn un gornel i gynrychioli Cymru, ysgall yn y gornel arall i gynrychioli'r Alban, llun o neidr yn y canol a'i chynffon yn ei cheg sy'n awgrymu tragwyddoldeb ac adnewyddiad, a dwy law yn cydio'n dynn yn y cefndir i gyfleu cysur, aduniad ac atgyfodiad.

Ni weithiodd Frances fel meddyg ar ôl hynny. Yn hytrach, canolbwyntiodd ar ei gwaith ymgyrchu – yr hen frwydrau a rhai mwy newydd hefyd:

Fel nifer o ymgyrchwyr diwedd y bedwaredd ganrif ar bymtheg, roedd rhychwant diddordebau Frances yn hynod eang a rhyngwladol felly defnyddiodd ei phrofiadau yn annog addysg ymysg merched Cymru yn sail wedyn i edrych ar gyflwr pobl eraill y byd – yn eu plith Indiaid, pobl De Affrica a duon America yn benodol. Roedd 'na athronydd ac ymgyrchydd yn America, W. E. B. Du Bois, oedd â diddordeb mewn tynnu deallusion y byd at ei gilydd i geisio ateb yr hyn o'dd e'n galw'n 'The Colour Problem'. Wrth greu'r math o gysylltiadau byd eang yma, mi ddath e mewn cysylltiad gyda Frances Hoggan a'i gwahodd allan i Brifysgol Atlanta yn 1906, a dyna pryd nathon nhw gwrdd am y tro cynta.

Yr Athro Daniel Williams,
Adran Saesneg Prifysgol Abertawe

Arweiniodd hynny eto at lawer o waith ymgyrchu i Frances. Teithiodd i America ac i Dde Affrica i astudio'r trigolion 'in their native state'. Roedd ganddi ddarlith ar 'The American Negro and Race Blending' lle'r oedd hi'n pwysleisio dyletswydd America i drin ei holl ddinasyddion yn gyfartal gydag ambell sylw deifiol am statws pobl dduon yno, megis: ' ... and had in many cases a longer ancestry in the country than the existing "whites" themselves' (*Gloucestershire Echo*, 19 Ebrill 1909).

Parhaodd y cysylltiad rhwng Frances a Du Bois ar hyd y blynyddoedd:

Roedden nhw'n llythyru ynglŷn â brwydrau duon America, a holl ymgyrchoedd Du Bois mewn gwirionedd. Ar ddiwedd yr 1910au mae e'n creu papur newydd, *The Crisis* – ac mae Frances Hoggan yn cyfrannu ar addysg a llên gwerin. Mae ei diddordebau hi yn rhyfeddol o eang ac mae'n cael y cyfle i gyhoeddi yn *The Crisis* yn y 20au.

Yr Athro Daniel Williams

Manteisiodd Frances ar y cyfle yr oedd *The Crisis* yn ei roi iddi, felly, i drafod nifer fawr o'i diddordebau, ond yn bennaf roedd hi'n dychwelyd at yr hen thema:

Ond yr hyn sy'n neud hi'n wahanol yw'r elfen ffeministaidd yn ei gyrfa hi, mae'n gweld addysg i ferched yn hollol greiddiol i dwf cymdeithas a'r angen i godi merched ac i ddathlu cyfraniad merched i gymdeithas yn benodol, ac mae hyn yn amlwg iawn yn ei gwaith ar dduon America ac yn India.

Yr Athro Daniel Williams

Treuliodd Frances weddill ei hoes yn Llundain a Brighton

ar ei phen ei hun, ond roedd hi'n teithio cryn dipyn, ac mae'n debyg ei bod wedi ymweld ag Elise:

... after Frances's husband died she travelled a great deal and quite a number of her trips were to the USA and she often went to Canada ...

Yr Athro Neil McIntyre,
How British Women Became Doctors

Yn ei blynyddoedd olaf ymddeolodd Frances i Brighton ac yno, yn 1927 yn 83 oed, y bu farw. Claddwyd ei llwch yn yr un fynwent â'i gŵr ond does dim yno i gofnodi'r ffaith. Yn ddiweddar, sefydlwyd medal newydd, Medal Frances Hoggan, i'w rhoi i fenyw o Gymru sy'n disgleirio mewn gwyddoniaeth, meddygaeth, technoleg, peirianneg neu fathemateg. O'r diwedd, felly, mae rhyw fath o gydnabyddiaeth i'r fenyw arloesol yma yng Nghymru. Wrth gloi un o'i erthyglau amdani mae Dr Emyr Wyn Jones yn dweud fel hyn:

Medal Frances Hoggan

Fel un o'r meddygesau cynharaf yr oedd ganddi weledigaeth i'w harwain a delfryd i'w symbylu; ac ar ben hyn oll dogn helaeth o synnwyr cyffredin. Yr oedd yn ieithydd o ddoniau anghyffredin ac yn awdures gyda chydwybod effro yn ymateb i bob anghyfiawnder cymdeithasol. Ei natur ddyngarol a'i hawydd am wybodaeth drylwyr oedd y symbyliad i'w theithiau ar hyd a lled y byd. Ei dyhead ysol oedd gwella cyflwr yr isfreiniol mewn cymdeithas; ac yr oedd o'r farn fod merched Prydain yn y dosbarth hwnnw ac mai ar hyd priffordd addysg yr oedd eu gobaith am ymwared. Cadwodd Gymru yn agos at ei chalon.

Dr Emyr Wyn Jones

Dyna grynhoi yn goeth nodweddion arbennig y ferch yma o Aberhonddu a ddewisodd lwybr anodd, mentro ar ei hyd a dangos y ffordd i'r rhai a'i dilynodd.

Cawg a gyflwynwyd i Eglwys Gadeiriol Aberhonddu gan Gymdeithas Sir Frycheiniog er cof am Frances

Pennod 5

Gwendolen Mary John (Gwen John) 1876–1939

Yn Oriel y Tate yn Llundain mae'r waliau'n llawn o weithiau arlunwyr mawr Prydain ac yn eu canol mae casgliad o waith yr artist o Gymru, Gwen John. Er iddi dreulio'r rhan fwyaf o'i hoes yn cael ei hystyried yn ddim ond 'chwaer Augustus', yn raddol cynyddodd ei hamlygrwydd nes ei bod, erbyn hyn, yn cael ei hystyried yn artist o bwysigrwydd mawr. Pan gynhaliwyd arddangosfa o'i gwaith yn Llundain yn dilyn ei marwolaeth roedd yn agoriad llygad i'r byd celf yn Llundain a byth ers hynny mae prisiau ei gweithiau wedi mynd yn uwch ac yn uwch. Ond yn ystod ei hoes doedd byw o ddydd i ddydd ddim yn hawdd i Gwen, ac yn ôl arfer y cyfnod bu'n gweithio fel model i gerflunwyr ac artistiaid eraill – a dyna sut y bu iddi gyfarfod â'r cerflunydd amlwg, Rodin, a fu'n rhan fawr o'i bywyd am bron i bymtheng mlynedd. Er iddi droi mewn cylchoedd mor amlwg yn ei chyfnod mae rhyw ddirgelwch yn parhau am ei bywyd a'i marwolaeth o hyd, ond erbyn hyn mae'n cael ei hystyried yn un o arlunwyr mwyaf nodedig yr 20fed ganrif.

Cartref Gwen ac Augustus John yn Ninbych-y-pysgod

Fe gyrhaeddodd Gwen John dref glan môr Dieppe, yng ngogledd Ffrainc, tua chanol Medi 1939 mewn cyfnod pan oedd sŵn rhyfel yn y gwynt a'r Almaenwyr eisoes wedi ymosod ar Wlad Pwyl. Tybed oedd hi am ffoi yn ôl am Brydain? Neu a oedd yn gobeithio y byddai cyfnod yng ngwynt y môr yn ei gwella, gan ei bod yn amlwg nad oedd ei hiechyd yn dda ers tro? Beth bynnag oedd ei chymhellion, fe lewygodd yn fuan iawn ar ôl cyrraedd a chael ei chludo i ysbyty yn y dref oedd yn cael ei gadw gan leianod, lle bu farw yn ddiweddarach. Does dim mwy o wybodaeth gadarn am ddiwedd ei hoes, ac ni wyddai neb yn iawn ble'r oedd wedi ei chladdu nes yr aed ati i ymchwilio i'w hanes ar gyfer y rhaglen amdani yn y gyfres *Mamwlad*. Yn ffodus, bu i'r ymchwil hwnnw ddwyn ffrwyth.

Ond yn ôl â ni i ben arall y stori. Merch o Sir Benfro oedd Gwen, neu Gwendolen Mary John i roi iddi ei henw genedigol llawn. Roedd yn ferch i gyfreithiwr, Edwin William John a ddeuai o Hwlffordd, ac yno y ganed Gwen ar 22 Mehefin 1876 yn 10 Victoria Place. Un o Brighton yn

Sussex oedd ei mam, Augusta Smith, ac yn arlunydd medrus ei hun. Ganed pedwar o blant i gyd i Edwin ac Augusta – dau fab a dwy ferch. Gwen oedd merch hynaf y teulu, ac Augustus oedd y mab ieuengaf. Yng nghyfrifiad 1881 yn Hwlffordd mae'r teulu yno'n llawn a brawd Augusta, Francis, yn byw gyda nhw ynghyd â dwy forwyn a 'Nurse'. Erbyn cyfrifiad 1891 daeth tro

Plac ar wal y cartref

mawr ar fyd. Symudodd y teulu i Ddinbych-y-pysgod, ac mae Edwin yn cael ei ddisgrifio yn y ddogfen fel 'Widower'. Dim ond fo a'i ddwy ferch a dwy forwyn sy'n byw gyda'i gilydd bellach. Bu Augusta farw ym mis Awst 1884 wedi cyfnod hir o waeledd a chafodd y brofedigaeth fawr honno effaith ysgytwol ar y teulu. Er i Gwen ac Augustus ymroi i arlunio a dilyn diddordeb eu mam yn y maes hwnnw, magwraeth anodd ac oeraidd a gawsant:

> Mae'r llythyron dderbyniodd hi gan aelodau eraill ei theulu, ac mae'r llythyron oedd hi'n sgwennu at ei ffrind, Ursula Tyrwhitt, yn awgrymu bod pethau wedi bod yn eithaf anodd, yr awyrgylch yn un eithaf oeraidd, fod y berthynas hefo'r tad wedi bod yn un anodd iawn, iawn.
>
> Dr Ceridwen Lloyd-Morgan,
> golygydd llythyrau Gwen John

Anfonwyd dau frawd Gwen i ffwrdd i'r ysgol ym Mryste, ac

113

Coleg Slade

yno maent yng nghyfrifiad 1891, ond yn Ninbych-y-pysgod cyfeirir at Gwen fel 'Scholar'. Mae'n debyg bod gan y teulu *governess* i'r plant ac yna ei bod wedi cael mynd i Academi Miss Wilson yn Ninbych-y-pysgod lle'r oedd y pwyslais, mae'n ymddangos, ar gerdded yn urddasol a hetiau, cyn mynd i 'sefydliad addysgol Miss Philpott' yn Llundain rhwng 1893 ac 1894.

Er nad oedd magwraeth Gwen yn Ninbych-y-pysgod yn baradwysaidd o bell ffordd, roedd ganddi atgofion melys o dreulio dyddiau hir yn ystod gwyliau'r haf ar y llu o draethau yn yr ardal yn byw yn wyllt bron ac yn arlunio'n gyson.

Yn hydref 1895 symudodd Gwen i Lundain yn fwy parhaol i astudio yn y Slade School of Fine Art. Dilyn ôl troed ei brawd wnaeth hi yno ac roedd y ddau yn byw gyda'i gilydd. Roedd pwyslais y Coleg ar dynnu lluniau modelau byw yn y cyfnod hwn, dan arweiniad Frederick Brown a'i gydweithwyr Henry Tonks a Philip Wilson Steer. Byddai'r myfyrwyr yn cael eu hyfforddi yn elfennau sylfaenol llinell a chymesuredd trwy ddarlunio copïau o gerfluniau clasurol ac yna yn cael eu symud ymlaen i'r ystafelloedd darlunio 'byw' lle byddai'r myfyrwyr yn modelu hefyd. Mae'n sicr bod y ffaith fod y menywod a'r dynion a âi yno yn cael yr un cyfleoedd, er mewn ystafelloedd ar wahân, yn rhan fawr o apêl y Coleg i fenywod. Mewn gwirionedd, roedd dwy ran o dair o holl fyfyrwyr y Coleg yn ystod yr 1890au yn fenywaidd. Er gwaethaf hynny, difyr yw sylwi mai dim ond chwarter y myfyrwyr mewn llyfr a gyhoeddwyd gan un o'r cyn-fyfyrwyr yn 1907 am fyfyrwyr amlwg y Coleg yn ystod yr 1890au a'r 1900au sy'n fenywod.

Yn ystod yr 1890au daeth y 'Fenyw Newydd' yn fwy amlwg mewn nofelau a dramâu. Menywod oedd y rhain oedd yn ymladd dros ddatblygu eu meddyliau a'u talentau eu hunain ac am rywfaint o ryddid. Roedd y menywod a gyrhaeddodd y Slade yn ystod y cyfnod dan sylw yn ffitio'r patrwm hwnnw yn sicr, a Gwen John yn eu plith. Bu'n llwyddiannus iawn yn ystod ei chyfnod yn y Coleg ac yn gyffredinol roedd y myfyrwyr yn ystyried bod Gwen yn fwy talentog na'i brawd, Augustus, ac i gadarnhau hynny llwyddodd Gwen i ennill gwobr Melvill Nettleship am *figure composition* yn ei blwyddyn olaf yn y Coleg.

Y cam nesaf y byddai rhywun yn disgwyl i fenywod y cyfnod o statws Gwen ei gymryd fyddai priodi'n dda a dechrau teulu, ond roedd gan Gwen syniadau gwahanol, er mor anodd oedd hi i fenyw fod yn artist proffesiynol yn ystod y cyfnod:

Oedd o ddim yn normal i fod yn artist proffesiynol ar y pryd i ferched, o'n nhw'n priodi neu'n mynd i ddysgu. Roedd yn rhaid iddi fod yn styfnig iawn i benderfynu bod yn artist proffesiynol.

Dr Sharon Morris, Uwch Ddarlithydd yn y Slade

Ond dyna oedd penderfyniad Gwen. Ar ôl gorffen ei chwrs

coleg dychwelodd i Ddinbych-y-pysgod at ei thad, ond roedd dwy ffrind iddi a oedd wedi dilyn yr un cwrs â hi yn Llundain, Ida Nettleship a Gwen Salmond, wedi mentro i Baris. Roedd eu disgrifiadau bywiog, lliwgar hwy o fywyd artistig cyffrous ardal Montparnasse yn ddigon i ddenu Gwen i'w dilyn. Roedd y tair yn byw gyda'i gilydd yn yr ardal enwog honno o Baris, mewn cyfnod cyffrous iawn:

> Doedd hi ddim yn arferol i ferch o dref fach fel Dinbych-y-pysgod i ddengid i Baris a byw ar ei phen ei hun yn y cyfnod yna ond mae'n rhaid rhoi hyn yn erbyn y cyd-destun ehangach sef bod Paris yn hysbys iawn i ferched y cyfnod fel lle oedd merched yn gallu byw yn annibynnol ac oedden nhw'n gallu dilyn eu gyrfa fel artist neu lenor a 'den ni'n gweld merched yn heidio i Baris i fyw'n rhydd.

Dr Ceridwen Lloyd-Morgan

Gwelodd Gwen ryfeddodau Paris

Felly roedd Paris yn llawn o fenywod o'r un meddylfryd â Gwen, a bywyd y *cafés* lliwgar, y siopau yn llawn deunyddiau i artistiaid, y Louvre a'r bwrlwm creadigol cyffredinol, o ddramâu i arddangosfeydd, yn ddelfrydol ar gyfer tair artist ifanc. Âi'r ddwy Gwen i Académie Carmen a sefydlwyd gan yr arlunydd Whistler, a fyddai'n darlithio yno ei hun yn wythnosol. Cafodd arddull Whistler ddylanwad mawr ar Gwen John, yn arbennig ei bwyslais ar arlliw. Er mwyn cynnal ei ffordd newydd o fyw trodd at fodelu am arian, ond yn gynnar yn 1899 dychwelodd Gwen John ac Ida i Loegr. Llwyddodd Gwen i gael lle i fyw yn Llundain, a thrwy hynny osgoi gorfod mynd yn ôl i Ddinbych-y-pysgod. Yna bu'n rhannu fflat gyda'i brawd Augustus, oedd yn brofiad ynddo ei hun – er y byddai'n well ganddo gysgu yn ei stiwdio gan amlaf, fe fyddai'n dychwelyd i'r fflat weithiau, yn feddw ac yn swnllyd. Roedd Augustus hefyd yn mwynhau bywyd carwriaethol digon lliwgar, ond ar ddydd cyntaf Ionawr 1901 trefnwyd priodas rhwng Ida, ffrind Gwen, ac Augustus.

Bu'r cyfnod yn ôl yn Lloegr yn un llwyddiannus i Gwen, gan iddi lwyddo i gael lle i'w gwaith yn arddangosfa'r New English Art Club (NEAC) yn 1900 a 1901. Siom wedyn yn 1902 oedd gweld ei gwaith yn cael ei dderbyn a'i gatalogio, ond heb gael ei ddangos yn yr arddangosfa ei hun. Erbyn 1903 roedd ganddi hi ac Augustus arddangosfa eu hunain er mai dim ond tri o'r 48 gwaith gwreiddiol oedd yn perthyn i Gwen. Cynnyrch y cyfnod hwn oedd un o luniau enwocaf Gwen, ei *Hunanbortread* trawiadol, mewn gwisg goch sy'n cadarnhau'r argraff mai fel artist yr oedd Gwen yn gweld ei dyfodol:

'Dan ni'n cael syniad o gymeriad eithaf difrifol, eithaf dwys; mae 'na ffocws cryf iawn ar yr wyneb, mae'r cefndir yn blaen, mae 'na oleuni cryf iawn yn goleuo'r wyneb. Ond mae'n bwysig hefyd edrych ar y ffordd y mae'n gwisgo, y ffordd mae'n cyflwyno ei hun. Mae'n gwisgo dillad oedd yn ôl pob tebyg yn ffasiynol sawl degawd ynghynt, felly falle bod 'na elfen ychydig yn ecsentrig neu artistig, a thrwy ddangos ei hymwybyddiaeth o hyn mae'n dangos ei hun fel rhywun sy'n meddwl, fel rhywun sy'n addysgedig, y 'New Woman' neu'r 'Thinking Woman'.

Mari Griffith, hanesydd celf

Ym mis Hydref 1903 cychwynnodd Gwen ar antur fawr gyda Dorelia McNeill – merch oedd, fel hithau, a'i golygon ar fod yn artist. Roedd Dorelia hefyd mewn perthynas ag Augustus, sefyllfa y daeth Ida yn ymwybodol ohoni yn ddiweddarach, a'i derbyn. Nod y ddwy ffrind oedd cyrraedd Rhufain ac aethant â'u hoffer arlunio gyda nhw – roedden nhw'n gwerthu portreadau ar y ffordd er mwyn ennill arian i'w cynnal. Cyrhaeddodd y ddwy cyn belled â Toulouse ac yno y buon nhw hyd fis Chwefror 1904 cyn penderfynu troi yn ôl am Baris. Dychwelodd Gwen i Montparnasse a chael ystafell mewn atig gyferbyn â siop enwog Bon Marché ac ymgolli unwaith eto ym mywyd y ddinas oedd yn ferw o artistiaid a llenorion, ac yn naturiol cafodd hynny ddylanwad ar ei gwaith:

> Roedd Gwen wedi cael addysg arbennig o dda yn y Slade, ond unwaith roedd Gwen wedi setlo ym Mharis, wedyn mae rhywun yn gallu gweld newid, a'i bod hi'n dechrau ymateb i waith arlunwyr fel Chagall a Le Douanier, Rousseau, er enghraifft, oedd yn ddylanwadol iawn iawn ym Mharis.
>
> Dr Ceridwen Lloyd-Morgan

Montparnasse

Fel gwraig annibynnol ym Mharis a rhent i'w dalu, rhaid oedd i Gwen ddod o hyd i ffordd o ennill arian a throdd yn ôl at y dull oedd yn gyffredin ymysg artistiaid tebyg iddi ym Mharis, sef modelu. Er y byddai cymdogion ei thad yn Ninbych-y-pysgod yn cywilyddio o glywed ei bod yn modelu'n noeth, ymysg artistiaid Paris y cyfnod roedd yn arfer cyffredin ac, yn wir, yn angenrheidiol i lawer ohonynt. Treuliai Gwen ei dyddiau yn teithio o stiwdio i stiwdio yn cynnig ei gwasanaeth nes iddi sefydlu cylch o gwsmeriaid benywaidd oedd yn byw o fewn ychydig iddi.

Ei brawd, Augustus, awgrymodd y dylai gynnig ei gwasanaeth i gerflunydd amlwg a phrysur ym Mharis y cyfnod, Auguste Rodin:

Fe anogodd Augustus iddi, mae'n debyg, i fynd at Rodin, y dyn mawr ei hun, y cerflunydd mawr, a rhoi cnoc ar ei ddrws e, a dweud, 'Dyma fi, Gwen John, a dwi'n chwaer i Augustus a dwi'n chwilio am waith fel model.' 'Os gwneith o dy dderbyn di,' dywedodd Augustus wrthi hi, 'alli di ei chyfrif hi'n fraint i fod o wasanaeth i Rodin.'

Manon Rhys, awdur *Cysgodion*

Dyna yn union a wnaeth Gwen. Roedd gweithdai Rodin ar y pryd ym mhen draw'r Rue de l'Université, mewn adeilad o'r enw'r Dépôt des Marbres. Roedd yr iard yn wyn o gerfluniau a thua dwsin o weithdai ar hyd un ochr. Dau o'r rhain oedd gan Rodin, ac yno y byddai'n cerflunio a modelau noeth o'i gwmpas, iddo allu astudio eu ffurf wrth weithio. Pan gnociodd Gwen ar y drws arweiniwyd hi i mewn i stiwdio'r meistr gan un o'i gynorthwywyr gan gerdded trwy'r 'banquet of buttocks' fel y disgrifiwyd y lle gan Paul Claudel, gan fod yno gymaint o gerfluniau a modelau noeth:

Bydde hi yn ystafell enfawr a bydde 'na nifer, dwsine o bobl, yn gweitho 'na, y rhan fwyaf ohonyn nhw wrth reswm yn noeth oherwydd roedd Auguste Rodin yn arbenigo yn y corff dynol a'r corff benywaidd; a dyna lle bydde Gwen, dwi'n dychmygu, yn cael y syndod mowr 'ma o weld y ffasiwn le ac o weld y ffordd roedd Rodin yn gweithio.

Manon Rhys

Roedd bron i ddeugain mlynedd rhyngddi hi a'r cerflunydd mawr, ond pan gerddodd Gwen i mewn i'r ystafell honno mae'n amlwg ei bod yn plesio gan iddi lofnodi llythyr ato ym mis Medi 1904, 'Votre modèle, Mary Gwendolen John'. Mae'r drefn y gososdod ei henw yn arwyddocaol hefyd gan mai Marie y byddai Rodin yn galw Gwen o hyd. Ond nid perthynas syml – model ac artist – oedd hon o bell ffordd. Ymddiddorai Rodin yng ngwaith Gwen gan ofyn iddi fynd â'i gwaith i'w ddangos iddo. Byddent yn trafod llenyddiaeth a byddai'n cael benthyg llyfrau ganddo. Yn raddol byddai Rodin yn rhoi gwaith i Gwen ei ysgrifennu iddo yn ei llaw

Amgueddfa Rodin

120

ei hun, a chyfieithiadau iddi weithio arnyn nhw. Daeth yn rhyw fath o ysgrifennydd iddo yn ogystal ag yn fodel, ond byddai Rodin yn ei hannog hi i ddal i beintio:

> O ran effaith ar ei bywyd hi mi gafodd Rodin effaith yn sicr. Petai ddim ond wrth ei hannog hi ar y dechre i beintio, o'dd 'da fe feddwl mawr iawn o'i gwaith hi ac yn ei hannog hi i gario mlaen ac yn canmol ei gwaith hi trwy'r amser. Dwi'n meddwl ei fod e wedi llwyddo i'w chadw hi i feddwl yn nherme – dwi yn gallu peintio, dwi yn gallu gwneud hyn a dyfalbarhau.
>
> Manon Rhys

Nid Gwen oedd yr unig un a gafodd ei hannog ymlaen fel hyn yn stiwdio Rodin:

> Ond beth oedd yn wych am stiwdio Rodin oedd bod pawb yn cael eu hannog i weithio yn galed a thrwy waith byddech chi yn cyrraedd eich nod.
>
> Dr Ceridwen Lloyd-Morgan

Ychydig cyn i Gwen gyrraedd drws ei stiwdio roedd Rodin wedi cael comisiwn pwysig o Lundain i greu cofeb i Whistler, i'w gosod ger ei gartref yn Llundain. Er bod gan y pwyllgor a'i comisiynodd syniadau pendant iawn am y cerflun yr oedden nhw am ei weld, datblygodd syniadau Rodin i gyfeiriad gwahanol, ac roedd Gwen yn ganolog i'w *Awen i Whistler*. Gwen oedd y model ac roedd ei weledigaeth yn ei gorfodi i sefyll mewn modd hynod o anodd, ar un goes, ei phen i lawr a darn o ddefnydd dros ran isaf ei chorff, ac roedd yn rhaid iddi hefyd afael mewn medal, neu flwch. Pan ddechreuodd Rodin weithio ar y cerflun o ddifrif roedd Gwen yn cael modelu ddwywaith y dydd, yn y prynhawniau i Rodin ac yn y boreau i'r

Y cerflun Awen i Whistler
y modelodd Gwen ar ei gyfer

menywod eraill o artistiaid. Wrth weithio ar y cerflun hwn y rhoddodd Rodin gusan iddi yn annisgwyl ac o hynny ymlaen datblygodd eu perthynas yn garwriaeth.

Er i'r pwyllgor a gomisiynodd y cerflun ei wrthod yn y pen draw mae'n sefyll heddiw tu allan i Amgueddfa Rodin yn gofeb barhaus i'w perthynas. O fewn yr Archifdy yn Amgueddfa Rodin mae cofeb o fath gwahanol i'r berthynas rhwng y ddau. Yno mae casgliad o 2,000 o lythyrau a anfonodd Gwen at Rodin yn ystod eu perthynas. Weithiau roedd yn anfon dau neu dri o lythyrau ar yr un diwrnod, yn ailadrodd yr un pethau dro ar ôl tro, gymaint yr oedd hi eisiau ei weld, gymaint yr oedd hi'n ei garu. Er na wyddom a wnaeth o eu darllen nhw i gyd, fe wnaeth eu cadw. Yn sicr roedd yn darllen y llythyrau cynnar, angerddol, lle'r oedd Gwen yn awgrymu nad oedd am fod yn arlunydd mwyach, dim ond yn fodel i Rodin. Ond fe ddarbwyllodd Rodin hi i ysgrifennu llythyrau mwy ffeithiol, yn adrodd hanes ei diwrnod i gymeriad ffug o'r enw Julie a byddai hithau yn eu llofnodi â'r enw Marie.

Erbyn gwanwyn 1906 roedd Gwen wedi symud i stafell ar y Rue St Placide. Roedd hi wrth ei bodd gyda'i hystafell newydd a byddai Rodin yn galw heibio unwaith yr wythnos, yn ystod y bore, gan fynnu y dylai ei chadw yn daclus bob amser. Byddai hithau'n aros yno amdano bob bore gan olchi ei gwallt, rhoi blodau ffres ar y bwrdd ac aros, disgwyl i glywed sŵn ei draed ar y grisiau er mwyn cael mwynhau awr brin yn ei gwmni. Daeth y stafell honno, a'r un wedi hynny ar Rue de Cherche-Midi yn hafan iddi, ystafelloedd yr oedd Rodin yn cyfrannu at eu rhent, gyda llaw, ac yn destun sawl un o'i lluniau:

> Mae hon yn thema y gwnaeth Gwen John beintio sawl tro, pump neu chwech o weithie. 'Dan ni'n tueddu i edrych ar ddarlun fel hwn a falle darllen gormod fewn iddo ynglŷn â bywyd Gwen John, ei bod hi'n feudwy a'i bod hi'n gaeth i'w stafell a dim ond yn peintio ei hamgylchedd ei hun. Ond y gwir ydi: mi oedd y testun yma o stafell wag yn boblogaidd iawn yng nghelf Ffrengig y cyfnod. Mae'n bwysig iawn, dwi'n meddwl, gweld neu ddarllen gwaith Gwen John yng nghyddestun celf Ffrengig dechrau'r 20fed ganrif.
>
> Mari Griffith

Roedd byd Rodin ei hun yn fyd gwahanol iawn i'r ystafell fach ym Montparnasse. Roedd ganddo blasty sylweddol

Ffion Hague yn ymweld â chartref Rodin

iawn ym Meudon a stiwdio fawr yn rhan ohono lle'r oedd yn byw gyda'i gymar oes, Rose Beuret. Yn raddol roedd yn ymbellhau oddi wrth Gwen, yn pwysleisio ei fod am gadw'u perthynas yn gyfrinach, ei fod yn blino ac nad oedd am iddyn nhw fod ar eu pen eu hunain. Nid oedd Gwen am dderbyn hynny o gwbl a byddai'n ymbil arno yn ei llythyrau am gael ei weld. Byddai hefyd yn ei ddilyn o'i stiwdio, a byddai'n mynd mor bell â cheisio dod o hyd i'w gartref ym Meudon. Yn y diwedd fe symudodd hi i Meudon ei hun er mwyn bod mor agos ag y gallai at Rodin.

Ond roedd Gwen wedi troi yn ôl at ei gwaith arlunio gan lwyddo i gael dau o'i pheintiadau yn arddangosfa'r New English Art Club (NEAC) yn 1908, ac yn wir, gwerthwyd un ohonynt yn syth. Roedd y llall wedi ei werthu erbyn canol y flwyddyn, ac wrth i Rodin bellhau oddi wrthi llwyddodd i ganolbwyntio fwyfwy ar ei gwaith. Llwyddodd i gael un o'i lluniau ar wal y NEAC yn 1910 hefyd, ac roedd y diddordeb yn ei gwaith yn cynyddu. Trwy ei brawd Augustus daeth Gwen i gysylltiad â chyfreithiwr o'r Unol Daleithiau o'r enw John Quinn. Roedd Quinn yn troi

Llofnod Rodin

ymysg llenorion, actorion ac arlunwyr amlycaf y cyfnod, ac yn casglu celf fodern. Ei fwriad oedd llunio casgliad sylweddol o beintiadau Ewropeaidd y cyfnod, yn arbennig gwaith o Ffrainc. Yn dilyn arddangosfa'r NEAC yn 1908 roedd wedi dangos diddordeb yng ngwaith Gwen ond yn 1910 roedd yn fwy penderfynol. Erbyn mis Awst 1910 roedd Gwen wedi cael addewid o 500 ffranc ganddo am lun oedd ar y gweill, ond bu'n rhaid iddo aros dwy flynedd cyn derbyn y llun, a hwnnw yn llun tra gwahanol yn y diwedd. Ond daeth John Quinn â sicrwydd ariannol iddi:

Mi gytunson nhw 'i fod o'n mynd i dalu hyn a hyn y flwyddyn a'i fod o'n derbyn, dwi'n meddwl, 4 o weithiau am hynny, ac roedd hyn wedi rhoi rhyw fath o sicrwydd i Gwen. Hefyd roedd o'n ei chyflwyno hi i gylchoedd newydd ym Mharis, a beth sy'n rhyfeddol ydi meddwl am Gwen John yn mynd i ryw ginio hefo John Quinn ym Mharis, ac hefo pwy mae hi'n siarad? Picasso.

Dr Ceridwen Lloyd-Morgan

Trwy'r sicrwydd hwnnw roedd yn gallu canolbwyntio mwy ar ei gwaith ei hun a dibynnu llai ar weithio fel model i artistiaid eraill, a datblygodd ei statws:

Mi wnaeth Gwen John arddangos ei gwaith yn nifer o arddangosfeydd pwysica'r cyfnod. Arddangosfa yn Efrog Newydd yn 1913, arddangosfa sy'n cael ei gysidro yn un o'r pwysica i ddigwydd yn America yn yr ugeinfed ganrif – yr Armoury Show. Mi wnaeth hi hefyd ddangos yn y Salon d'Automne, prif arddangosfa Paris. Felly mi oedd hi yn artist hefo proffil cyhoeddus, mi oedd hi'n artist oedd yn arddangos ei gwaith yn gyhoeddus ym Mharis ac yn rhyngwladol.

Mari Griffith

Ail-gread o stafell Gwen

Er mai symud i Meudon er mwyn cael bod yn nes at Rodin wnaeth Gwen, dylanwad gwahanol a gafodd y mudo ar ei gwaith. Er bod ganddi gylch o gydnabod yng nghanol Paris, bywyd digon unig oedd ganddi heb fod yn rhan o gymuned fel y cyfryw. Roedd pethau'n wahanol ym Meudon. Roedd hon yn gymuned go iawn, a'r bobl yn adnabod ei gilydd ac yn cymryd diddordeb yn ei gilydd. Canolbwynt y gymuned oedd yr eglwys Babyddol, ac yn raddol denwyd Gwen ati ac at y lleiandy oedd ym Meudon. Byddai'r Uchel Fam yn y lleiandy yn barod iawn i roi arweiniad i Gwen gan roi pwys mawr ar fynd yn ôl at ddiniweidrwydd plentyn i gael dod o hyd i'r ffordd at Dduw. Yn 1913 derbyniwyd Gwen yn aelod llawn o'r Eglwys Babyddol, ac mae'r ffaith ei bod wedi ei disgrifio ei hun mewn llythyr fel 'God's little artist' yn awgrymu ei bod wedi dod o hyd i bwrpas newydd yn ei bywyd. Nid mynd i'r eglwys i addoli yn unig y byddai Gwen, byddai'n eistedd yn y cefn yn aml iawn yn sgetsio:

Oedd hi wrth ei bodd yn tynnu llun y plant a phobl yn yr eglwys. Mi gododd hyn rai problemau wrth gwrs, achos roedd rhai yn teimlo'i bod hi ddim yn briodol i dynnu lluniau yn yr eglwys. Ond mae'n hollol amlwg ei bod hi'n gweld tynnu lluniau fel rhan o'r weithred o addoli, doedd dim modd gwahaniaethu rhwng y ddau beth yn ei meddwl hi.

Dr Ceridwen Lloyd-Morgan

Roedd yr eglwys hefyd yn gwerthfawrogi ei dawn gan iddi gomisiynu Gwen i lunio portread o'r Uchel Fam a sefydlodd eu lleiandy, Mère Marie Poussepin, i'w osod ym mhob ystafell yn y Lleiandy. Cymerodd Gwen y comisiwn hwnnw at ei chalon a'i ystyried yn brawf ar ei hymrwymiad i'r lleiandy, os nad ei ffydd, gan orfod creu'r llun oddi wrth lun arall o'r Uchel Fam. Bu'r ffydd honno yn rhywfaint o help iddi yn 1917 pan ddaeth y newydd ysgytwol iddi am farwolaeth Rodin. Yn ôl Gwen ei hun bu bron iddi fynd yn orffwyll yn ei galar, ond o dipyn i beth trodd yn ôl at ei gwaith a mwynhau rhyddid newydd. Yn y gorffennol byddai'n gwrthod gadael ei stiwdio na mynd ar ei gwyliau rhag iddi golli cyfle i dreulio amser gyda Rodin, petai'n penderfynu galw. Erbyn hyn roedd ganddi'r rhyddid i deithio a bu'r blynyddoedd ar ôl marwolaeth Rodin yn rhai llawer iawn mwy cynhyrchiol iddi. Cafodd ei hysbrydoli gan wyliau y bu arno yn Llydaw, ar fin y môr, a bu'r plant lleol yno yn destun i lu o luniau ganddi. Roedd y lle yn gymaint o ysbrydoliaeth iddi fel ei bod wedi gwneud ei gorau i brynu'r *château* lle bu'n aros, ond yn aflwyddiannus.

Un o'i pheintiadau enwog a grëwyd yn ystod y cyfnod hwn oedd *Y Claf yn Gwella*. Pan ofynnwyd i'r artist Mary Lloyd Jones greu copi, neu ddynwarediad, o'r llun, roedd yn fodd iddi astudio arddull Gwen John yn ofalus:

Mae pob rhan o'r llun wedi cael ei gynllunio fel bod e'n creu undod yn y mynegiant. Beth o'n i'n hoffi ambiti'r llun oedd y lliw i ddechre, fel ma'r lliw porffor yn tueddu tuag at ryw fath o frown a wedyn y lliwie gole 'ma sydd yn fendigedig, yn gynnes ac wedyn yn fwy oer – hynny yw, mwy o las – ond y peth mwyaf yw'r pot bach yma sy'n canu allan, fel rhyw 'ding', chi'n gwybod, y lliw.

Mae'r arddull mae hi wedi ei ddatblygu – dyw e ddim yn gweiddi allan, ma' fe'n dawel, ond wedyn ma' pobl yn ymateb a dyw e ddim yn rywbeth ry'ch chi yn mynd i flino arno fe.

Mary Lloyd Jones

Pan fu John Quinn farw yn 1924 fe ddylai Gwen fod wedi bod yn ddiwyd yn chwilio am brynwyr a noddwyr eraill, ond mae'n ymddangos bod ei brawd a'i ffrindiau wedi gwneud y gwaith hwnnw ar ei rhan. Trwy ymdrechion Augustus yn bennaf y cafodd ei harddangosfa ei hun yn Orielau Chenil rhwng mis Mai a mis Mehefin 1926, arddangosfa a fu'n llwyddiant ysgubol. Yn 1927, mewn arddangosfa o gasgliad John Quinn yn Efrog Newydd, roedd lle amlwg i weithiau Gwen.

Er ei llwyddiant roedd Augustus yn dal yn bryderus am ei chwaer ac aeth mor bell â phrynu bwthyn bach yn benodol ar ei chyfer, ond gwahanol iawn oedd syniadau Gwen. Er iddi dalu i Augustus am y bwthyn nid aeth yno i fyw o gwbl. Roedd hi wedi derbyn swm sylweddol o arian fel benthyciad gan un o'i ffrindiau ac wedi dod o hyd i ddarn o dir ym Meudon a dau gwt pren arno fyddai'n gwneud i'r dim fel stiwdio iddi, a gardd braf o'u cwmpas. Cyn symud i'r mwyaf o'r ddau gwt pren adeiladodd wal uchel o gwmpas yr ardd i sicrhau ei bod yn cael llonydd llwyr yno.

Roedd Gwen wrth ei bodd yn ei chartref newydd yng

nghwmni ei chathod, er nad oedd yno fawr o foethusrwydd na chyfleusterau. Yn raddol roedd ei golwg a'i hiechyd yn dirywio ond doedd hynny ddim yn ei hatal rhag cysgu allan yn yr awyr agored tra oedd y gweithwyr yn ceisio gofalu bod y cwt pren yn ddigon da i wrthsefyll tywydd y gaeaf.

Er yr anawsterau roedd yn dal i greu lluniau, er iddi droi at siarcol, dyfrlliw a gouache yn hytrach na lluniau olew, ac roedd yn werthfawrogol iawn yn 1935 pan brynodd Amgueddfa Genedlaethol Cymru 'one of my little paintings'.

Yng nghanol mis Medi 1939 gadawodd Gwen Meudon a theithio ar drên i Dieppe ar ei phen ei hun, ac mae'n ymddangos nad oedd ganddi fawr ddim gyda hi. Ni wyddai neb pam ei bod wedi mynd. Roedd un o'i ffrindiau wedi awgrymu rhyw flwyddyn neu ddwy ynghynt y dylen nhw gyfarfod yn Dieppe, ond does dim cofnod bod trefniadau wedi eu gwneud y tro hwn. Tybed a oedd y ffaith fod yr Almaen yn bygwth gwledydd Ewrop eto yn codi ofn arni a hithau wedi byw trwy'r Rhyfel Byd Cyntaf ym Mharis? Ni wŷr neb yr ateb. Ond mae rhywbeth yn dorcalonnus o drist yn y syniad bod y wraig 63 mlwydd oed yma, a'i hiechyd yn

Gorsaf Dieppe

129

fregus, wedi mynd ar ei phen ei hun am lan y môr. Fe lewygodd Gwen ar y stryd yn Dieppe a chafodd ei chludo i ysbyty gan y lleianod yno. Galwyd cyfreithiwr ati, fe wnaeth ei hewyllys ac am hanner awr wedi wyth ar 18 Medi, bu farw yno. Anfonwyd y manylion moel at y teulu gan y cyfreithiwr ond ni wnaed trefniadau erioed i roi carreg fedd deilwng nac unrhyw gofeb iddi.

Yn raddol aeth y cof am leoliad bedd Gwen John yn angof er bod ei gor-nith, Sara John, wedi bod wrthi yn ymchwilio i'r hanes. Roedd yn benderfynol y dylid gosod cofeb i Gwen:

A friend of mine recently commented on how discreet of Gwen, and how typical it was, to die so discreetly and not have a plaque, but because of her extraordinary contribution I think that it's very important for all of us to have just a discreet little plaque put there so that people know and can pay their respects on that site and then the whole of her history is now complete.

Sara John

Aeth ymchwilwyr *Mamwlad* ati i holi. Arweiniwyd hwy i Fynwent Janval, Dieppe, ac at gofnod bod 'Mary John' wedi ei chladdu yno yn safle 446 yn y cyfnod dan sylw. Ond roedd hi'n gyfnod o ryfel, ac er i gorff Gwen gael ei roi mewn bedd i'r tlodion yno, fe'i codwyd yn fuan a'i losgi er mwyn gwneud lle i'r milwyr a gollwyd. Trwy ymdrechion criw *Mamwlad* a Sara John yn ddiweddar, llwyddwyd i osod cofeb o lechen yn y fynwent yn Dieppe i gofio am Gwen.

Fe ddywedodd Augustus, ei brawd enwog, am Gwen: 'Fifty years after my death I shall be remembered as Gwen John's brother.' Gan ei bod hi bellach yn hanner can mlynedd ers ei farwolaeth yntau yn 1961 gallwn ddweud nad yw hynny'n hollol wir, efallai, ond yn sicr mae enw Gwen a'r parch sydd at ei gwaith wedi cynyddu ers ei marwolaeth. Rhwng misoedd Gorffennaf a Medi 1946 cynhaliwyd arddangosfa fawr er cof am Gwen yn Llundain a agorodd lygaid y byd i'w chrefft.

Gellid crynhoi ei gyrfa fel hyn:

Beth sydd yn ddiddorol i fi am waith Gwen John ydi'r ffaith ei bod hi o Gymru, o Sir Benfro, ond ei bod hi'n artist sy'n ffitio fewn i'r byd celfyddydol Ffrengig, yn artist Gymreig sydd ag agwedd ryngwladol iawn.

Mari Griffith

I fi beth oedd hi'n gallu ei wneud yn dda oedd portreadu cymeriad mewn gofod cyfyng iawn, iawn.

Manon Rhys

Mae Ceridwen Lloyd-Morgan yn ei hystyried yn un o brif artistiaid ei chyfnod:

Yn sicr roedd hi'n un o arlunwyr pwysicaf ei chyfnod. Mae safon y gwaith yn gwbl anhygoel a'r ffordd roedd hi wedi ymgorffori nifer o ddylanwadau cyfoes, ond ei bod hi wedi troi'r dŵr o hyd i'w melin ei hun a bod ei gwaith hi, yn y bôn, yn unigryw yn y cyfnod hwnnw.

Dr Ceridwen Lloyd-Morgan

Er i lawer ystyried bod Gwen yn gymeriad meudwyaidd braidd nad oedd yn hoffi cwmni pobl nac yn ei chwennych chwaith, mae'r argraff a geir o ddarllen ei llythyrau a'i llyfrau nodiadau yn wahanol iawn. Artist ymroddedig oedd hi: roedd yn byw ym Mharis gan mai yno yr oedd prif artistiaid y cyfnod yn arddangos eu gwaith ac yn darlithio, roedd yn byw ar ei phen ei hun er mwyn gallu rhoi amser

Y gofeb i Gwen ym mynwent Janval, Dieppe

i'w chrefft ond roedd y rhai oedd yn ei hadnabod yn dda yn amlwg yn gwirioni ar ei chwmni. Ei chrefft oedd ei bywyd ac roedd yn fodlon aberthu popeth er ei mwyn yn ei hymdrech ddiflino i gyrraedd perffeithrwydd.

Pennod 6

Y Chwiorydd Davies
Gwendoline Elizabeth Davies
1882–1951
a Margaret Sidney Davies
1884–1963

Plas Gregynog, ger Tregynon yn yr hen Sir Drefaldwyn, oedd cartref dwy o ferched cyfoethocaf eu cyfnod ym Mhrydain. Gyda'u harian fe lwyddon nhw i sefydlu gwasg fyd-enwog, canolfan gelfyddydol gyntaf Cymru ac, ar ben hynny i gyd, cyflwyno rhai o weithiau celf gorau'r byd i'r genedl yn sylfaen i gasgliad yr Amgueddfa Genedlaethol. Mae'r casgliad yn parhau i ddal ei dir ymhlith y rhai gorau yn y byd gyda gweithiau gan Rodin, Degas, Renoir, Manet, Monet, Cézanne a Van Gogh. Rhoddodd y ddwy chwaer gymaint a 260 o weithiau i'r Amgueddfa rhyngddynt.

Ond beth arweiniodd dwy ferch a fagwyd yng nghanol cefn gwlad Maldwyn i ymgolli cymaint ym maes celf a'r celfyddydau? Y ffaith gyntaf, allweddol amdanyn nhw oedd eu bod yn ddwy wyres i'r arloeswr mawr David Davies, Llandinam. Er ei fagwraeth draddodiadol Gymreig yn Nraintewion, Llandinam, nid oedd y llwybr a ddilynodd

Y cartref: Plas Dinam

wedyn yn un traddodiadol Gymreig o gwbl. Cychwynnodd ei daith trwy lifio coed a dod yn 'Top Sawyer', fel y câi ei alw, oherwydd ei barodrwydd i weithio'n galed ac arwain yn y gwaith. Erbyn 1855 roedd wedi troi ei olygon at y rheilffyrdd ac ef fu'n bennaf gyfrifol am lwyddo i greu llwybr y rheilffordd o Groesoswallt ar draws Cymru i Aberystwyth ac ymhellach. Roedd sôn mawr am ei gamp yn llwyddo i gael trên trwy greigiau Talerddig. Tyfodd ei ffortiwn, ond roedd yn dal i fanteisio ar bob cyfle a ddôi i'w ran, ac yn 1864 mentrodd i lawr i'r Rhondda gan brydlesu hawliau mwyngloddio ar dair ffrm yn y Rhondda Fawr yn yr union gyfnod pan oedd y diwydiant glo yn dechrau datblygu yn yr ardal honno. Sefydlodd gwmni anferth ac yn ystod ei oes roedd y cwmni'n rhedeg pyllau'r Maendy, Parc, Dare, Garw, Eastern a Western. Cymaint oedd ei ffortiwn erbyn 1873 fel ei fod wedi gwahodd 6,000 o bobl, gan gynnwys miloedd o lowyr o'r de, i barti pen-blwydd anferth ei fab Edward yn 21 oed. Ond wnaeth David Davies ddim gorffwys ar ei rwyfau wedyn chwaith; trwy agor porthladd y Barri yn 1884 a herio rheolaeth yr Arglwydd

Bute ar borthladd Caerdydd i allforio glo, cynyddodd ei rym a'i ffortiwn yn sylweddol.

Doedd hi fawr o syndod bod Edward, y mab, wedi cael parti mawr gan ei fod yn unig fab i David Davies a'i wraig, Margaret. Er yr holl gyfoeth oedd ar gael iddo, roedd bryd Edward ar fynd yn ymchwilydd ym maes cemeg, ond ildio fu raid iddo a phlygu i'r drefn, gan fynd i Dreorci yn 19 oed i weithio yn y pyllau glo er mwyn dysgu sut oedd eu rhedeg. Priododd ei gyfnither, Mary – oedd yn ferch i'r Parch. Evan Jones (Trewythen, Llandinam erbyn hynny, ond mab y Wern, Llanfair Caereinion), brawd i fam Edward. Mab oedd plentyn cyntaf y teulu, David, yna ymhen dwy flynedd ganed Gwendoline Elizabeth, a Margaret Sidney ymhen dwy flynedd wedyn. Pan oedd Margaret yn ddwy oed yn 1886 symudodd y teulu i Blas Dinam, ond yn 1888 bu Mary farw, gan adael tri o blant bach dan wyth oed.

Aelwyd grefyddol iawn oedd ym Mhlas Dinam. Roedd Evan Jones, y taid, yn Fethodist Calfinaidd amlwg, ac roedd chwaer Mary, Anne, wedi priodi David Lloyd Jones, mab neb llai na John Jones Talysarn, oedd yn weinidog yn Llandinam erbyn hyn. Felly roedd ffyddlondeb i'r capel, cadw'r Saboth a dirwest yn cael sylw mawr ar yr aelwyd. Deuai'r agwedd bendant at ddirwest hefyd o du David Davies, Llandinam, y taid o'r ochr arall, gan ei fod yntau yn enwog am fod yn llwyrymwrthodwr.

Y cerflun o David Davies yn Llandinam

Y chwiorydd ifanc

Erbyn cyfrifiad 1891 fe welir bod Elizabeth, chwaer arall i Mary, yn byw ym Mhlas Dinam gyda'r teulu. Yn fuan iawn roedd Edward a hithau yn awyddus i briodi, ond roedd rheolau caeth yn atal gŵr gweddw rhag priodi chwaer ei wraig gyntaf ar y pryd, a bu'n rhaid i Edward ac Elizabeth deithio yr holl ffordd i Ganada i briodi. Erbyn hynny hefyd roedd David Davies, y diwydiannwr mawr, wedi marw ac Edward wedi etifeddu mwy na £1,000,000 ar ei ôl. Roedd yn Gadeirydd ar y cwmni glo Ocean Coal, yn Gyfarwyddwr ar Reilffyrdd y Cambrian ac ar Ddoc y Barri. Ond nid oedd yn cael fawr o bleser yn y swyddi yma ac ym mis Ionawr 1898 aeth yn ddifrifol wael yn sydyn a marw.

Y plant – David, Gwendoline a Margaret, a hwythau ond yn eu harddegau – oedd etifeddion y cyfoeth anferth erbyn hyn ac roedd eu tad, Edward, wedi gwneud rhywbeth digon arloesol yn ei ewyllys – fe rannodd y stad:

Mae'n debyg bod eu tad wedi rhannu'r eiddo rhwng y tri phlentyn, y brawd a'r ddwy chwaer, fwy neu lai'n gyfartal, sy'n beth anarferol iawn, iawn, tasech chi'n astudio sgweiriaid a thirfeddianwyr y cyfnod, pan oedd y mab hynaf yn cael y cwbl a rhyw fath o fân lwfans i'r merched gan ragdybio y bydden nhw'n priodi rhywun cyfoethog yn nes ymlaen. Ond pan feddyliwch chi, erbyn 'u bod nhw'n cyrraedd eu dau ddegau roedd ganddyn nhw bob o hanner miliwn ... wel, chi'mbod, yn nhermau arian heddiw ma' hwnna'n rhyw bum deg miliwn o leia.

Dr John Davies

Rhoddodd Edward hefyd £2,500 y flwyddyn i'w wraig Elizabeth i'w chynnal ei hun ac addysgu'r plant, a £250 y flwyddyn i'w frawd yng nghyfraith, Edward Jones (a briododd chwaer Tom Ellis AS yn ystod 1896, gyda llaw) i fod yn ymddiriedolwr. Penderfynodd Elizabeth mai'r ffordd orau i addysgu'r plant fyddai penodi *governess* iddyn nhw. Yng nghyfrifiad 1901 nodir bod menyw o'r enw Jane Blaker yn byw ym Mhlas Dinam. Deuai Jane o Worthing yn Sussex a bu'n gweithio i'r teulu, neu o leiaf yn byw gyda nhw, am 52 o flynyddoedd. Gan nad oedd dyn ar yr aelwyd, roedd dylanwad y ddwy yma ar y merched yn anferth. Er bod Elizabeth ei hun yn siarad Cymraeg, ni wnaeth erioed siarad Cymraeg â'r merched ac roedd tuedd yn Jane Blaker i edrych i lawr ei thrwyn ar bethau Cymraeg a Chymreig. Roedd eu llysfam yn ffigwr cyhoeddus iawn, yn aelod o Gyngor Prifysgol Aberystwyth ac yn sylfaenydd cymdeithas nyrsio'r sir a hi oedd y ferch gyntaf i fod yn ynad heddwch yn Sir Drefaldwyn. Roedd diddordebau celfyddydol Elizabeth a Jane yn ddigon tebyg – roedd ganddyn nhw diddordeb mawr mewn celf ac roedden nhw am i'r merched deithio. Dysgodd Jane Ffrangeg iddyn nhw, a'u dysgu am gelf Ffrainc:

O'dd e'n fagwraeth gymysg iawn mewn rhai ffyrdd oherwydd doedden nhw ddim yn dilyn trywydd clasurol teuluoedd bonedd Lloegr. Fe fydde 'na hela yma yn Plas Dinam, ond fydde yna ddim parti yfed mawr wedyn, wrth gwrs – llwyrymwrthodwyr. Fe fydden nhw'n mynd i Lundain i weld orielau celf ac i weld cyngherddau falle, ond yn sicr fydde 'na ddim *season*. Fuon nhw erioed yn *debutantes* na dim byd felly, oedd yn rhywbeth hanfodol i ferched o ddosbarth bonedd Lloegr yr adeg hynny. Ac wrth gwrs y gwahaniaeth mawr wedyn: roedden nhw'n driw iawn i'w gwreiddiau fel Methodistiaid Calfinaidd, capel dair gwaith ar y Sul, oedd yn eu gwneud yn wahanol i, dyweder, deuluoedd Powys neu Blas Machynlleth, y teuluoedd crachach mawr eraill yn y sir.

Dr David Jenkins, hanesydd

Llwyddodd Elizabeth a Jane i feithrin y ddwy chwaer yn llwyddiannus. Roedd Margaret yn hoff iawn o dynnu lluniau ac aeth mor bell â dilyn cwrs allanol gan Ysgol Gelf y Slade. Ond roedd goruchwyliaeth gaeth iawn arnyn nhw gan y ddwy 'ddreiges' fel y galwodd Eirene White (y Farwnes White o Rymni, a ysgrifennodd gyfrol amdanynt) nhw. Mae geiriau Gwendoline mewn llythyr yn ddadlennol iawn am ei hoffter o farchogaeth:

It was only on a horse that I could be master of my soul in those days, and the only time I was free from the vigilant eye of dear Mother.

Gwendoline Davies

Er hynny, fe anfonwyd y ddwy am gyfnod byr i ysgol Highfield ger Hampstead, a chawsant amser braf iawn yno a dod o hyd i ffrindiau oes.

Daeth teithio yn rhan bwysig o fywydau'r ddwy chwaer, gan iddynt ddilyn traddodiad y *Grand Tour* gynt. Fe fydden nhw'n defnyddio'r trên a hyd yn oed weithiau yn teithio yn y car teuluol, y Daimler. Yn aml iawn bydden nhw'n mynd â ffrindiau a chydnabod gyda nhw. Ar y teithiau hyn roedden nhw'n rhoi sylw arbennig i weithiau celf gan

Ffion Hague gyda chês teithio Margaret

dreulio oriau mewn orielau yn gwneud nodiadau manwl. Treuliodd Margaret dri mis yn Dresden yn ystod 1907 i ddilyn cwrs ar hanes celf, ac yn ei nodiadau manwl mae'n cofnodi bod ei darlithydd wedi dweud mai *Y Gusan* oedd gwaith harddaf Rodin.

Gan mai yn bump ar hugain oed yr oedd y ddwy i etifeddu eu harian, roedd 1907 yn bwysig iawn i Gwendoline gan y gallai ddewis sut yr oedd am wario ei ffortiwn. Yn araf bach dechreuodd fentro prynu gweithiau celf ac yn 1908 aeth y ddwy i'r Eidal a dechrau prynu o ddifrif. Roedden nhw'n ffodus iawn fod ganddyn nhw rywun wrth law oedd yn barod iawn i'w cynghori. Brawd i'w *governess*, Jane Blaker, oedd Hugh Oswald Blaker, a dreuliodd gyfnod yn astudio celf yn yr Académie Julian, Paris ac wedyn yn Ysgol Gelf Antwerp. Roedd yn frwd iawn am y gweithiau newydd gan yr argraffbeintwyr oedd yn cael mwy a mwy o sylw yn Ffrainc yn ystod y cyfnod ac mae'n amlwg bod ei frwdfrydedd wedi cael dylanwad ar y ddwy chwaer. Roedd ganddo gysylltiadau cryf ym myd celf ac yn gwybod pan fyddai gweithiau yn dod ar y farchnad. Er i rai ystyried eu bod yn prynu'n ddall ar ei gyngor, daw'n amlwg o ohebiaeth a chofnodion y ddwy mai nhw oedd yn dewis bob amser:

The great joy of collecting anything is to do it yourself – with expert opinion granted, but one does like to choose for oneself. All the time we have been collecting our pictures we have never bought one without having seen it or at least a photograph before purchase.

Gwendoline Davies

Ar y dechrau roedd pwyslais y casgliad ar olygfeydd tawel, gwledig neu luniau o olygfeydd trefol oedd yn bwysig i'r ddwy, ond fel y daethon nhw yn fwy cyfarwydd â'r arlunwyr oedd yn eu plesio, datblygodd y casgliad yn gyflym iawn. Yn 1908 prynwyd saith llun i gyd, yna yn 1909 12 llun ac yn 1910 cymaint ag 18 llun.

Un o'r lluniau mwyaf trawiadol yn y casgliad yw *La Parisienne* gan Renoir:

Wel mae hwn yn llun allweddol yng nghasgliad y chwiorydd Davies ac mae hefyd yn llun pwysig iawn yn hanes yr argraffbeintwyr oherwydd ga'th o ei ddangos yn 1874 yn yr arddangosfa gyntaf erioed i'r argraffbeintwyr ei chynnal ym Mharis. Prynodd Gwendoline Davies y llun yma yn 1913, felly rhyw ddeugain mlynedd ar ôl iddo fo gael ei beintio. Erbyn hynny roedd 'na lot fawr o luniau yn mynd i'r Unol Daleithiau ond ym Mhrydain falle mai rhyw dri o gasglwyr oedd yn prynu gwaith yr argraffbeintwyr. Talodd Gwendoline ryw £5,000 am y llun yma, sy'n ymddangos yn fargen i ni heddiw ond roedd o'n gymharol ddrud. I weithiwr cyffredin, er enghraifft, oedd yn ennill £2 yr wythnos mi fyddai £5,000 yn ffortiwn. Bydde wedi cymryd hanner canrif i ennill cymaint â hynny o bres. Ond i gasglwyr celf y cyfnod roedd o'n bris cymharol rad.

Mari Griffith, hanesydd celf

Mae'n amlwg bod y ddwy chwaer wedi gwneud penderfyniad bwriadol i fuddsoddi cyfran o'u ffortiwn yn y byd celf:

Dwi ddim yn gallu meddwl am neb yn y cyd-destun Cymreig na'r cyd-destun rhyngwladol a wnaeth gasglu gyda'r un brwdfrydedd ac, i ddweud y gwir, yr un ddealltwriaeth â'r ddwy chwaer, ond mae'n rhaid i ni gofio yn fan hyn eu bod nhw'n gyfoethog, wrth gwrs. Roedd hynny'n help.

Dr John Davies

Byddai'r ddwy chwaer yn mwynhau'r un pethau – celf a cherddoriaeth, wrth gwrs, ond hefyd roedden nhw'n mwynhau chwarae tenis a marchogaeth. Byddai Gwendoline yn mwynhau mynd ar wib, a Margaret yn fwy gofalus:

Dwi'n credu mai Gwendoline, yr hynaf, oedd yr un fwyaf tanllyd o'r ddwy chwaer, ond dwi ddim yn credu eu bod nhw'n gystadleuol fel y cyfryw. Roedd ganddyn nhw lygad wahanol, mi oedden nhw'n casglu gwahanol weithiau celf, ond yn sicr mi oedd y ddwy chwaer yn ystyried eu gweithiau celf nhw ar wahân.

Dr David Jenkins

Yn sicr roedd gan Gwendoline feddwl mawr iawn o'i chwaer gan restru ei rhinweddau un tro fel 'honest, kind, unselfish, straight as a die and as unbending', ond tybed allwn ni ddehongli bod rhywfaint o gystadleuaeth rhyngddynt gan fod Gwendoline, er gwaethaf hoffter Margaret o *Y Gusan*, wedi dewis prynu cast efydd o'r cerflun bedair blynedd yn ddiweddarach?

> Wel mae'r cerflun yma gan Rodin, *Y Gusan*, heb os nac oni bai yn un o gerfluniau mwyaf nwydus y bedwaredd ganrif ar bymtheg, ac mae'n od iawn meddwl am y cerflun yma yng nghasgliad y chwiorydd Davies. Ar y pryd mi oedden nhw yn ifanc iawn, yn eu hugeiniau, o gefndir Piwritanaidd, crefyddol, ac mae dychmygu'r cerflun yma yn eu tŷ nhw fel canolbwynt y casgliad yn beth eitha od.
>
> Mari Griffith

Un o'r artistiaid digon anhysbys ar y pryd wnaeth apelio'n fawr at y ddwy oedd Claude Monet:

> Wel, oedd Monet yn dipyn o ffefryn gan y chwiorydd, mi oedd 'na naw darlun gan Monet. Ymhlith y naw mae tri o'r lluniau hwyr yma o lilis y dŵr ... mi dalon nhw rhwng £1,000 a £1,500 yr un am y lluniau yma, felly am dri llun anhygoel gan Monet mi dalon nhw ryw £3,500 ... am un o'r lluniau rhein heddiw mi fasech chi falle'n talu rhyw £18,000,000. Bargen anhygoel.
>
> Mari Griffith

Nid casglu diamcan oedd hyn o gwbl fel y dywed eu cofiannydd:

> A belief was growing in their minds that they could create a collection of inspirational paintings for their country.
>
> Trevor Fishlock, *A Gift of Sunlight*

Y cymal olaf sy'n allweddol, wrth gwrs – nid casglu er eu boddhad eu hunain yn unig yr oedd y chwiorydd erbyn hyn, ond er mwyn Cymru hefyd. Yn 1913 cynhaliwyd arddangosfa fawr o weithiau celf yn Neuadd y Ddinas Caerdydd. O'r 61 eitem a ddangoswyd yno, roedd 38 ohonynt ar fenthyg gan y ddwy chwaer.

Nid ym maes celf yn unig yr oedden nhw'n gwario er mwyn eraill. Gan eu bod mor adnabyddus am fod yn ariannog byddai llwythi o lythyrau yn eu cyrraedd yn gyson i ofyn am gyfraniadau at bob math o achosion. Roedd dewis a dethol yr elusennau y bydden nhw'n eu cefnogi yn broses ofalus gan roi blaenoriaeth i ddirwest, capeli, ysbytai, menywod ac unrhyw achos oedd yn gysylltiedig â'r meysydd glo gan eu bod yn ymwybodol iawn mai oddi yno y deilliai cyfran sylweddol o'u cyfoeth. Gallwn brofi eu bod yn ysgrifennu sieciau bod dydd, heblaw ar ddydd Sul. Cedwid cofnod manwl o'r rhoddion yma i gyd mewn llyfrau cownt.

Oherwydd eu cyfoeth roedden nhw mewn sefyllfa wahanol iawn i lawer o'u cyfoedion:

Dwi'n credu bod eu tad, ac falle eu mam a'u llysfam, wedi penderfynu rhoi'r arian iddyn nhw i sicrhau y gallen nhw fyw bywyd annibynnol fel eu bod nhw ddim yn ddibynnol ar ddynion. Ond glywes i rhyw si 'u bod nhw wedi trio cadw unrhyw ddynion draw o'u bywydau nhw, rhag ofn mai dim ond *fortune-hunters* oedden nhw, ac roedd Gwendoline yn arbennig – yr un fwyaf pendant ohonyn nhw – ychydig yn chwerw am hynny. Rhyw awgrym ei bod hi ddim yn ddigon diddorol oni bai bod arian ganddi ... o'dd hi ddim yn lico'r syniad yna.

Dr John Davies

Yn ei gyfrol amdanyn nhw nid yw Trevor Fishlock mor ofalus ei eiriau:

> Their wealth was a moat and their step-mother guarded the drawbrige.
>
> Trevor Fishlock, *A Gift of Sunlight*

Roedd eu brawd, David, wedi mentro dros y bont honno yn 1910 a phriodi, ac yn y flwyddyn honno hefyd daeth cymeriad arall dylanwadol iawn i'w bywydau, sef Thomas Jones. Cyflogwyd Thomas Jones gan y teulu i weithio ar yr ymgyrch fawr yn erbyn TB a chyfrannodd y chwiorydd £150,000 at y gronfa. Ond nid gwas cyflog yn unig oedd Thomas Jones, fel y dywed Trevor Fishlock:

> The Davies sisters absorbed him into their lives as their guru, their reliable and indispensable man.

Er mai perthynas gyfeillgar, blatonig oedd rhyngddo a Gwendoline, daw'n amlwg yn ei llythyrau ei bod yn ei garu.

Pan dorrodd y rhyfel yn 1914 fe ymatebodd y chwiorydd Davies yn eu ffordd elusengar, grefyddol arferol. Wrth glywed am yr holl ffoaduriaid oedd yn ffoi rhag yr Almaenwyr yng Ngwlad Belg, trefnodd David, Gwendoline a Margaret i Thomas Jones ac ysgrifennydd David, William Burdon Evans, gyda chymorth Dr Fabrice Polderman, fynd i Wlad Belg i chwilio am artistiaid, cerflunwyr, cerddorion a beirdd a'u teuluoedd i'w cludo yn ôl i Gymru. Llwyddwyd i gasglu 91 o ffoaduriaid a'u cludo ar y llong olaf ond un i hwylio o Oostend. Croesawyd nhw yn y Gwalia Hotel yn Llundain cyn eu cludo o Paddington i Aberystwyth. Rhoddodd David, Gwendoline a Margaret eu hunain loches i saith o deuluoedd, tua deg ar hugain o bobl, a'u cynnal trwy gydol y rhyfel. Mae sylw Gwendoline yn ystod y cyfnod hwn: 'There, you see, Mother, money is of some use after all,' yn ddadlennol iawn. Baich oedd y cyfoeth mawr yma yng ngolwg eu llysfam – yn sicr roedd yn grediniol fod y baich hwnnw wedi lladd ei gŵr, ond roedd y merched yn benderfynol o ddod o hyd i ddulliau o ddefnyddio eu harian er budd eraill.

Yn raddol, gwelodd teulu Plas Dinam wir effaith y rhyfel gan i David dreulio amser yn ymladd yn Ffrainc ac i nifer o'u cefndryd hefyd orfod mynd i'r rhyfel. Yn eu plith roedd Edward Lloyd Jones, ŵyr i John Jones, Talysarn, a anfonwyd i'r Dardanelles. Roedd Gwendoline ac yntau yn ffrindiau mawr a byddent yn ysgrifennu at ei gilydd yn aml. Pan ddaeth y newydd fod Edward wedi ei ladd ar 10 Awst yn Gallipoli nid oedd dianc oddi wrth erchyllterau'r rhyfel.

Erbyn 1916 roedd Gwendoline a Margaret wedi penderfynu eu bod am weithredu. Gwendoline aeth drosodd gyntaf ar 18 Gorffennaf i weithio i'r Groes Goch yn Ffrainc. Anfonwyd hi i Troyes i weithio mewn *Cantine des Dames Anglaises* lle bydden nhw'n cynnig coffi a chawl a sigaréts i'r milwyr ar eu ffordd i'r ffosydd neu ar y ffordd oddi yno. Yn 1917 cyrhaeddodd Margaret hefyd i'w helpu. Doedd bywyd ddim yn hawdd yn y *Cantines* gan eu bod mor agos at y ffosydd, a byddent yn gweld a chlywed pethau erchyll. Er hynny llwyddodd Gwendoline i brynu rhai gweithiau celf pwysig, gan gynnwys gwaith gan Cézanne yn ystod y cyfnod hwn. Byddai'n teithio i Baris pan gâi gyfle, a bu'n teithio hefyd ar hyd feysydd y gad, a fu'n agoriad llygad mawr iddi.

Nid oedd y gofid ar ben ym Mhlas Dinam pan ddaeth diwedd y rhyfel oherwydd bu farw gwraig David, Amy, y diwrnod ar ôl y cadoediad gan adael dau o blant ifanc. Daeth y ddwy chwaer yn ôl, ond fel y dywedodd Gwendoline, roedd y rhyfel wedi 'knocked my life and health to pieces'. Trodd David at ymgyrchu'n frwd dros

Y Cantine

heddwch gan ddod yn allweddol yn y broses o sefydlu Cynghrair y Cenhedloedd, a gweithio i sicrhau bod y Deml Heddwch yn cael ei chodi yng Nghaerdydd. Ailddechreuodd y merched gasglu celf o ddifrif.

Yn ystod 1914, cyn y rhyfel, roedd y cwmni teuluol wedi prynu stad fawr Gregynog fel buddsoddiad. Roedd yn 25 milltir sgwâr. Wedi ei phrynu, gwerthwyd y ffermydd i'r tenantiaid gan gadw'r Plas a'r tiroedd o'i gwmpas. Yn araf ffurfiodd y syniad y gellid defnyddio'r Plas fel canolfan gelfyddydol, a byddai'n ddelfrydol ar gyfer arddangos gwaith celf y ddwy chwaer er budd pawb. Fel y dywedodd y Barwn Llandinam presennol am Blas Dinam:

> I often wonder where the Monets and so on – and the lovely Renoir particularly – were hung here, if they were hung at all or whether they were just stored. But Margaret did tell me herself that the two first paintings she brought on her own, everyone very much poo-pooed them and she hid them away.
>
> David Davies, Plas Dinam

Yng ngwanwyn 1920 roedd Gwendoline yn prysur weithio ar ei chynlluniau gyda Thomas Jones, a ddiwedd Gorffennaf y flwyddyn honno prynodd y ddwy chwaer y Plas a 311 erw gan gwmni'r teulu. Ailbriododd eu brawd yn ystod mis Rhagfyr 1922 a dweud ei fod am fynd i fyw i Blas Dinam, felly bu'n rhaid i'r ddwy chwaer addasu eu cynlluniau a symud i fyw i Gregynog yng ngwanwyn 1924. Erbyn hynny roedd ganddynt y casgliad mwyaf a phwysicaf yn y wlad o gelf gyfoes ac roedd Gregynog yn cynnig cartref addas iddo. Ond pan symudodd y ddwy chwaer doedd y lle ddim yn plesio'n arw – roedd yn rhy bell o'r orsaf ac yn rhy ddrud i'w redeg ganddyn nhw, ond fe wnaethon nhw'r gorau o'u sefyllfa. Roedd gan y ddwy un asgell o'r plas iddyn nhw eu hunain, ac yn y gerddi cafodd Gwendoline y cyfle i ddilyn ei diddordeb mawr mewn garddio. Yn ogystal, byddai Margaret yn gallu mynd allan i beintio. Roedd yno staff anferth gyda chymaint â 25 yn gweithio yn yr ardd yn unig.

Datblygwyd y syniad o ganolfan gelfyddydol ymhellach:

Plas Gregynog

147

Y syniad o gyfrifoldeb tuag at Gymru a chymoedd y de lle roedd eu cyfoeth nhw wedi dŵad a hefyd yr awydd i berffeithio crefftau yng Nghymru – dwi'n meddwl mai dyna un o'r pethau oedd yn bwysig iawn iddyn nhw. Mi oedden nhw wedi cymryd cyngor pa fath o grefftau, oedd 'na sôn am grochenwaith, gwneud dodrefn, gwaith arian, ond mwy neu lai trwy anffawd yr hyn ddigwyddodd yn y diwedd, wrth reswm, oedd sefydlu'r wasg.

Dr Glyn Tegai Hughes

Roedd y Wasg wedi ei sefydlu ers 1921 ac roedd Gwendoline a Thomas Jones yn frwd iawn drosti. Yn y cyfnod hwnnw roedd gweisg preifat yn brin ond llwyddodd gwasg Gregynog i ennill parch rhyngwladol am ei gwaith cywrain. Roedd y broses gyfan yn digwydd yng Ngregynog – llunio'r teip, creu'r delweddau, argraffu ar y papur gorau ac wedyn rhwymo yn gain. Roedd hynny eto'n gofyn am gryn dipyn o staff gan gynnwys Dora Herbert Jones a ddaeth yno yn ysgrifenyddes. Dros 18 mlynedd, dan oruchwyliaeth y chwiorydd, cyhoeddodd y Wasg 12,000 o gyfrolau gan lwyddo i wneud elw mewn pedair o'r 18 hynny.

Cynigiodd Gregynog hefyd gyfle i'r ddwy ymgolli yn eu diddordeb mawr arall, sef cerddoriaeth. Newidiwyd yr hen ystafell *billiards* yn ystafell gerdd ysblennydd.

Mae pawb yn gwybod, wrth gwrs, am y traddodiad arlunio ond roedd y traddodiad cerddorol yma yng Ngregynog yn dra phwysig hefyd ac mae wedi bod yn draddodiad cudd dwi'n meddwl bron hyd at heddi ... Mae pawb yn gwybod am Miss Daisy (Margaret) fel arlunydd, dwi'n meddwl, ond roedd hi'n canu'r delyn ac roedd hi'n cymryd gwersi canu hefyd yn Llundain. Roedd Miss Gwen yn canu'r ffidil, roedd ganddi hi

Stradivarius o'r enw The Parke a 'den ni'n gwybod ei
bod hi wedi bod yn ddigon da i chwarae'r Sonata gan
César Franck yn 1911.

Rhian Davies, hanesydd cerdd

Arweiniodd eu diddordeb amlwg at sefydlu Gŵyl Gerdd
Gregynog:

Fe gafodd yr Ŵyl ei sefydlu yn 1933, gŵyl gerddorol
hynaf Cymru yw hi erbyn heddi, ac roedd pobl o safon
yn dod yma i berfformio ac i wrando – pobl megis Elgar,
Vaughan Williams, Holst – ac yn y gynulleidfa, wrth
gwrs, pobl fel Joyce Grenfell, George Bernard Shaw.
Dwi'n meddwl bod 'na dipyn o awyrgylch yma yn ystod
yr Ŵyl. Roedd y chwiorydd yn talu am bopeth; roedden
nhw'n gwahodd yr artistiaid a'r gynulleidfa i aros yn y tŷ
ac roedden nhw'n aros yma am benwythnos llawn yn
ystod yr haf achos roedd y rhododendrons yn eu
gogoniant. Roedd yr holl beth yn *idyllic* iawn.

Rhian Davies

Roedd y darlithydd o Aberystwyth, Walford Davies, yn
allweddol yn hyn o beth ac roedd yn plesio'r chwiorydd
oherwydd ei fod yn ddirwestwr pybyr hefyd. Llwyddodd i
ddenu arweinyddion amlwg y dydd, Henry Wood ac
Adrian Boult yn eu plith. Byddai'r gwahoddedigion yn
gwirioni ar y profiad cyfan – y gerddi, y croeso, y lluniau
wrth gwrs, a'r gwmnïaeth. Yr argraff a gâi'r mwyafrif a âi
yno oedd bod y ddwy chwaer yn swil a diymhongar iawn.
Yn ei chyfarchiad yn rhaglen Gŵyl 1935 mae Gwendoline
yn rhoi cip i ni ar eu dyhead wrth sefydlu Gŵyl o'r fath ar
ôl erchyllterau'r rhyfel: 'shall we not fill the world with
beauty again' oedd ei dymuniad. Sefydlwyd côr yng
Ngregynog oedd yn cynnwys nifer fawr o'r staff ac mae'n

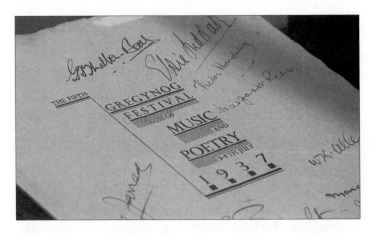

Taflen o Ŵyl Gregynog, 1937

debyg bod y gallu i ganu yn un o'r cymwysterau hanfodol ar gyfer pob swydd, beth bynnag ei natur. Roedd parch mawr i'r Ŵyl a phrin oedd y gwyliau tebyg ar y pryd:

> Wel, mae'n anarferol iawn i ferch fod wrth y llyw mewn unrhyw ŵyl gerddorol hyd heddi a dweud y gwir, ac yn ystod eu cyfnod roedd y syniad o *House Festival* yn dra gwahanol ... mae Gregynog flwyddyn yn hŷn na Glyndebourne er enghraifft ... ie, roedd Gregynog yn unigryw yn ei dydd a hyd heddi.
>
> Rhian Davies

Mae'r gwyliau yn parhau, wrth gwrs, ac mae cael chwarae yno, yn ôl Iwan Llewelyn-Jones, yn brofiad arbennig iawn:

> Dwi wedi bod yn chwarae ers y naw degau, dwi'n meddwl [mai dyna] oedd y tro cyntaf i mi ddod yma, ac wrth gwrs mae 'na awyrgylch arbennig yma yn does, mae o 'fath â rhyw baradwys. Mae o'n bell o bobman ac mae o 'fath â bod y ddwy chwaer yma yn croesawu

rhywun yn ôl achos mae 'na ryw deimlad i'r lle. Maen nhw wedi gadael eu marc mewn cymaint o lefydd ac mae'r lle 'ma yn dal i adlewyrchu hynny a dwi'n meddwl bod raid i bob Cymro a Chymraes brofi Gregynog rywbryd.

Iwan Llewelyn-Jones

Nid llety ar gyfer dilynwyr cerddoriaeth yn unig a geid yng Ngregynog. Roedd yn lleoliad delfrydol ar gyfer cynadleddau o bob math hefyd. Cynhaliwyd cynadleddau am ddarlledu, addysg, iechyd, diweithdra, gwaith cenhadol a cherddoriaeth yno. 'Gregynog conferences were events where Wales learned to talk about Wales,' yw sylw Trevor Fishlock. Yn sicr bu hynny'n fodd o greu consýrn am Gymru ac ymwybyddiaeth o'i harwahanrwydd.

Fel y soniwyd eisoes roedd nifer fawr o staff yng Ngregynog ar hyd y blynyddoedd a byddai'r ddwy chwaer yn ofalus iawn ohonyn nhw ac o'u tenantiaid:

We rarely saw the ladies because if we did meet them it was, well, dive into the rhododendrons and get lost quickly. But they would know all about you, they knew everything about their employees, in such a way that if anyone was in trouble, no great fuss made, but there was an answer to people's problems, always, they were marvellous landlords, they looked after their staff.

Clive Edwards, mab i un o'r staff

Yn ystod y tri degau gwrthododd Gwendoline sawl anrhydedd a gynigiwyd iddi gan gynnwys Doethuriaeth er Anrhydedd gan Brifysgol Cymru ac OBE, ond wedi cryn berswâd fe wnaeth dderbyn y teitl 'Companion of Honour' ar yr amod bod pawb yn deall mai er mwyn Cymru ac er mwyn Gregynog yr oedd yn gwneud hynny.

Daeth yr ail ryfel byd â llu o newidiadau yn ei sgil i deulu Gregynog. Diflannodd llawer o'r staff i'r fyddin a rhoddwyd Gregynog at ddefnydd y Groes Goch. Cyhoeddwyd y llyfr olaf gan y Wasg dan oruchwyliaeth y chwiorydd ac yna daeth cyfres o farwolaethau a fu'n loes calon i'r chwiorydd. Bu Walford Davies farw yn 1941, bu eu llysfam, Elizabeth, farw yn 1942; aeth Michael, mab eu brawd, i ymladd yn y rhyfel a bu farw yn 1944 ac fe glywsant fod cancr ar David ei hun hefyd. Parhau wnaeth y tristwch ar ôl y rhyfel gan iddynt golli Jane Blaker yng Ngregynog yn 1947.

Erbyn yr ergyd olaf honno roedd Gwendoline ei hun yn ddifrifol wael o lewcemia ac ar 3 Gorffennaf 1951 bu farw mewn ysbyty yn Rhydychen. Yn ei hewyllys rhoddodd yr holl luniau a'r cerfluniau yr oedd hi wedi eu casglu rhwng 1908 ac 1926 i Amgueddfa Genedlaethol Cymru. Yn eu plith roedd chwe llun gan Monet, dau gan Manet, dau gan Renoir, tri gan Cézanne, pedwar gan Corot, pump gan Millet, saith gan Daumier, tri gan Whistler, saith gan Turner, tri gan Gainsborough ac un gan Constable.

It changed the balance of power among British art galleries and turned an imperfect collection into a place of pilgrimage.

Eric Newton, hanesydd celf

Gadawyd Margaret yn unig ond ar ôl gweld y gwahaniaeth a wnaeth casgliad ei chwaer, a gan wybod y byddai hithau yn gwneud yr un peth â'i chasgliad hi, treuliodd y blynyddoedd nesaf yn prynu mwy o weithiau celf gan roi mwy o bwyslais ar artistiaid o Gymru. Fe gynhaliwyd pum gŵyl arall yn ystod oes Margaret a daeth yr Athro Ian Parrott i arwain y côr a denu artistiaid yno.

Yn 1960 trosglwyddodd Margaret Gregynog i ddwylo

Prifysgol Cymru gan roi £10,000 y flwyddyn tuag at ei gynnal a'i gadw, a chadw fflat iddi ei hun yno. Penodwyd Dr Glyn Tegai Hughes yn warden a dechreuodd cyfnod newydd yn hanes y ganolfan. Ailsefydlwyd y wasg yn 1978 gan ddechrau ar gyfnod ffyniannus arall.

Bu Margaret farw yn Llundain ar 13 Mawrth 1963 ac aeth ei chasgliad sylweddol hithau i'r Amgueddfa Genedlaethol gan gadarnhau statws yr Amgueddfa yr oedd plant Plas Dinam wedi cyfrannu'n helaeth at ei hadeiladu. Yn aml iawn roedd eu cyfraniadau yn ddienw ond trwy'r llyfrau cownt gellir olrhain eu cyfraniad ariannol anferth at rai o brif sefydliadau Cymru: y Llyfrgell Genedlaethol, Prifysgol Aberystwyth, y Deml Heddwch a'r Amgueddfa. Yn rhywle yng ngofnodion yr holl sefydliadau cenedlaethol pwysig hynny daw enwau'r teulu Davies i'r amlwg ac oni bai am eu cyfraniad ariannol a'u cefnogaeth, mae'n debyg na fyddai llawer ohonynt wedi dod yn sefydliadau mor bwysig.

Wel, wrth edrych yn ôl dwi'n dal i'w gweld yn arloesol ac yn uchelgeisiol iawn. Hyd heddi nid oes llawer o ferched wedi cymryd yr awenau er mwyn cyfarwyddo neu ddatblygu gŵyl, ac maen nhw'n dal yn ysbrydoliaeth hyd heddi.

Rhian Davies

Roedd eu casgliad o weithiau celf yn amhrisiadwy:

Mae hwn yn gasgliad sy'n dal ei dir ymhlith casgliadau mwyaf pwysig y byd. Lluniau sydd erbyn hyn yn perthyn i bawb yng Nghymru, yn perthyn i'r genedl ac mae hynny'n rhodd sydd heb ei hail.

Mari Griffith

Ond roedd eu cyfraniad yn llawer mwy na hynny:

> Cymeron nhw ffortiwn, do, ond mi roeson nhw gymaint o'r ffortiwn yna yn ôl i Gymru – nid yn unig yn y casgliadau celf ond yn yr holl weithiau dyngarol. Dyna lle, dwi'n credu, y maen nhw'n wahanol i nifer o'r teuluoedd eraill. Mae eu henw yn dal i berarogli, fyddwn i'n ei ddweud, yn Sir Drefaldwyn heddiw.
>
> Dr David Jenkins

Yn hollol nodweddiadol o'u bywydau claddwyd y ddwy chwaer ochr yn ochr ym mynwent eglwys Llandinam, yr ardal oedd mor agos at eu calonnau. Bedd syml ydyw, heb addurn, yn y fynwent wledig, mor ddiymhongar â hwythau. Yn wahanol i'w taid, nid oes cerflun grymus ohonynt nac unrhyw gydnabyddiaeth ffurfiol yn unlle, ond mae dyled y genedl i'r ddwy chwaer a ddewisodd wario eu ffortiwn er budd Cymru yn hytrach na'u budd eu hunain yn anferth.

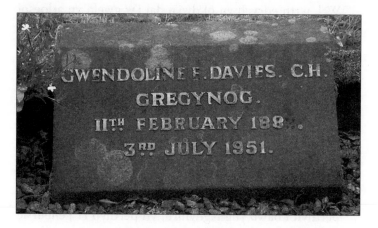

Carreg fedd Gwendoline

Pennod 7

Margaret Haig Thomas (Arglwyddes Rhondda) 1883–1958

The most prominent Welsh woman of the 20th century ... it is remarkable that the life and work of Lady Rhondda has been totally neglected here in Wales

Deirdre Beddoe, hanesydd

Roedd Margaret Haig Thomas yn ferch o dras ar ochr ei mam ac roedd ei thad yn Aelod Seneddol, felly fyddai cymdeithas ddim wedi disgwyl iddi gyflawni dim o bwys. Priodi a magu teulu, wrth gwrs, ond dim mwy na hynny. Ond roedd tân ym mol Margaret er pan oedd yn ifanc iawn; tân a wnaeth iddi ymgyrchu'n ddiflino dros hawliau a lles menywod. Fe gafodd fywyd lliwgar a llawn: fel newyddiadurwraig arloesol, fel menyw fusnes fwyaf blaenllaw ei hoes ac fel 'Mrs Pankhurst Cymru':

I ferched o'i chefndir hi – y dosbarth canol uchaf a'r dosbarth uchaf – hyd yn oed os oedden nhw wedi cael rhywfaint o addysg dda, doedd dim disgwyl iddyn nhw fynd mas i weithio neu gael unrhyw fath o broffesiwn.

Priodi fydde'r nod, ac roedd eu byd nhw'n gyfyngedig i feddwl am faterion y teulu a'r cartref a byw rhyw fywyd reit ddaionus. Roedd yn iawn iddyn nhw wneud efo elusennau a materion ffilanthropig ond doedd dim pwrpas i'w bywydau yn y ffordd y bydden ni'n meddwl amdano fe heddiw.

Dr Sian Rhiannon Williams, hanesydd

Ond roedd rhieni Margaret yn bobl oleuedig, eangfrydig, a'r teulu ar y ddwy ochr yn bwysig iawn iddi trwy ei hoes.

Cafodd Margaret ei magu mewn plasty yn Llan-wern ar gyrion Casnewydd yn ogystal ag yn Llundain, gan mai ei thad, David Alfred Thomas, oedd Aelod Seneddol Rhyddfrydol Merthyr. Roedd hefyd yn ddyn busnes llwyddiannus – yn bartner yng nghwmni glo Cambrian Collieries oedd yn berchen ar nifer o byllau glo y Rhondda.

Roedd ei mam, Sybil Margaret Haig, wedi ei magu yn Sir Faesyfed, ond yn rhan o deulu mawr Haigs yr Alban – yr un teulu â'r Cadfridog Haig a chwaraeodd ran flaenllaw yn y Rhyfel Byd Cyntaf. Roedd disgwyl i fenywod y teulu yma fod mor gryf a gwydn â'r dynion, ac roedd yna gryfder ysbryd hefyd, fel y gwelwn yn nes ymlaen.

Gan fod Margaret yn unig blentyn, roedd ei thad yn ei thrin fel etifedd iddo. A hithau'n 11 neu 12 oed, dechreuodd drafod busnes gyda hi. Byddai'n camu i fyny ac i lawr yr ystafell yn mynd trwy ei bethau, a hithau, Margaret, wrth ei bodd ei fod yn fodlon ei chynnwys yn ei fywyd.

Roedd hi eisoes yn hen law ar wleidydda. Ar adeg etholiad roedd hi wrth ei bodd yn cael mynd i gyfarfodydd yn etholaeth ei thad, ac yn mwynhau yn arbennig y sesiynau holi ac ateb. Pan oedd Margaret tua saith oed roedd hi'n awyddus i wneud araith – mae'n dweud iddi gael ei dysgu i adrodd, yn Gymraeg, 'os gwelwch yn dda, pleidleisiwch dros fy nhad'. Er ei swildod, byddai'n dweud hyn ym mhob cyfarfod. Roedd hi'n cofio'r frawddeg ar hyd ei hoes, meddai, er iddi anghofio popeth arall o'r Gymraeg:

> At election time she would be involved, she would be taken along and held up really to encourage people to vote for her father, but her mother too was active in politics – president of Aberdare Women's Liberal Association and really played quite an important role.
>
> Yr Athro Angela John, cofiannydd

Cafodd Margaret ei haddysgu gartref gan *governess*, fel oedd yn arferol i blant rhieni o fodd. Yn 13 oed, aeth i'r Notting Hill High School, un o gadwyn o ysgolion a gafodd eu sefydlu i gynnig addysg o safon uchel i ferched o bob dosbarth. Roedd y rhain yn cynnwys Ysgol Howell's yng Nghaerdydd a'r Swansea High School. Ddwy flynedd yn ddiweddarach roedd Margaret yn awyddus i fynd i ysgol St Leonard's yn St Andrews. Roedd hi wedi darganfod bod disgyblion yno yn cael mynd am dro ar eu pen eu hunain, ac roedd hi'n chwenychu'r rhyddid hwnnw. Fe wnaeth hi fwynhau'r cyfnod hwn yn fawr:

> Roedd hon yn ysgol oedd ar flaen y gad ym mhob ffordd. Roedd 'na bwyslais ar greu yr unigolyn, ac roeddan nhw'n cael eu meithrin i ddarllen yn helaeth ar bob math o bynciau. Ond y peth pwysicaf iddi hi yn bendant oedd ei bod hi'n cael rhyddid. Mae hi'n nodi mai hwn oedd amser hapusaf ei bywyd hi.
>
> Mair Morris,
> awdur traethawd ymchwil ar hanes Margaret

Roedd ambell athrawes ysbrydoledig yn yr ysgol, megis Miss Sandys, pennaeth y tŷ lle'r oedd Margaret. Mae Miss Sandys yn cael ei chofio am fod yn soffistigedig a chystadleuol, un oedd yn annog ei disgyblion i wneud eu gorau ym mhob agwedd o'u bywyd yn yr ysgol – eu gwaith, chwaraeon a'u dyletswyddau. Roedd yn trin y merched fel oedolion ac yn rhoi mwy o ryddid iddyn nhw nag athrawon eraill – roedd yn eu dysgu bod dewrder, hunanddisgyblaeth a diffyg hunanoldeb yn siŵr o arwain at lwyddiant.

Er yr addysg ysbrydoledig, ei throi hi am adref wnaeth Margaret ar ôl ei chyfnod yn St Andrew's:

> ... I went home to be a young lady – that was the common lot. Yet there can seldom have been a young woman less fitted for the role of a young lady at home than I was. Independent, awkward, speechlessly shy.
>
> Margaret Haig Thomas

Roedd yn rhaid i Margaret ddilyn disgwyliadau ei hoes. Ar ddiwedd ei chyfnod yn St Andrew's roedd yn rhaid treulio amser yn Llundain ar gyfer y *Season*:

> Gan ei bod hi wedi cael ei chodi yn un o haenau uchaf y dosbarth canol, roedd disgwyl iddi ffeindio gŵr. Nawr, roedd angen iddo fod o dras bonheddig ac roedd angen iddo gael cyfoeth, a'r lle gore i ffeindio dyn o'r math yma oedd yn y *Season*.
>
> I ddechrau, roedd hi'n frwdfrydig iawn, roedd hi'n edrych ymlaen i wisgo'r ffrogiau arbennig yma, edrych ymlaen i gwrdd â dynion newydd a ffrindiau newydd. Ond ar ôl peth amser, aeth hi i deimlo'n ddigalon, achos roedd hi'n berson swil wrth gwrs, roedd hi mor swil roedd hi'n ei ffeindio hi'n anodd i siarad efo bechgyn.
>
> Celyn Williams, ymchwilydd hanesyddol

Efallai fod hynny'n egluro pam iddi orfod gwneud y *Season* dair gwaith! Gadael yn waglaw wnaeth hi bob tro. Ond roedd ganddi dipyn o ryddid hyd yn oed yn ystod y cyfnod yma. Dysgodd yrru, a chael car ail law. Dim ond y rhai gwirioneddol freintiedig oedd yn berchen ar geir ar y pryd. Roedd ei rhieni yn caniatáu iddi yrru hwnt ac yma bob awr o'r dydd, ond châi hi ddim aros dros nos yn unlle ar ei phen ei hun:

> Although I did not know what was wrong, I was miserable during those early futile unoccupied years. At 10, I had wanted to be Prime Minister, a famous writer and the mother of 12. By the time I was 20 I had cut my hopes according to my cloth ... I no longer thought of any future save love and marriage. In the eyes of everyone around me that was the one path to self-fulfilment.
>
> I wanted badly to fulfil myself. The one real success for a woman was marriage.
>
> Margaret Haig Thomas

Digwyddodd hynny o dipyn i beth, ond cyn hynny treuliodd flwyddyn yng Ngholeg Somerville, Rhydychen, rhwng 1904 a 1905. Doedd Margaret ddim yn hapus yno:

> College misliked me. I disliked the ugliness of the public rooms, the glass and the crockery ... the dowdiness of the dons and of the other girls. I could not bear the cloisterishness of the place. Somerville was certainly not my spiritual home.
>
> Margaret Haig Thomas

Ar ôl cyfnod gartref yn Llan-wern, daeth tro ar fyd. Cyfarfu â Humphrey Mackworth, ac ynddo fe welodd ddyn soffistigedig, aeddfed a gwrwaidd iawn. Roedd o ddeuddeng mlynedd yn hŷn na hi, yn gyfoethog a moesgar. Roedd yn unig fab i'r Cyrnol Syr Arthur a'r Foneddiges

Coleg Somerville

Mackworth – cymdogion oedd yn byw yng Nghaerllion. Roedd Syr Arthur yn un o brif dirfeddianwyr yr ardal, a'i fab, Humphrey, yn Feistr Cŵn Hela Llangybi.

Cafodd y briodas ei chynnal ar 9 Gorffennaf 1908 yn Christchurch, tua milltir o bentref Caldicot. Roedd adroddiadau llawn yn y papurau lleol, oedd yn cynnwys disgrifiad o'r addurniadau o amgylch yr eglwys a'r dathliadau:

> At Llanwern village, the day was regarded as a general holiday and the inhabitants were entertained to tea in a huge marquee on the hockey grounds in celebration of the event. After the ceremony, a reception was given at Llanwern Park for around two hundred guests.
>
> *South Wales Daily News,*
> dydd Gwener 10 Gorffennaf 1908

Aeth y ddau i fyw yn y lle cyntaf i hen dŷ o'r unfed ganrif ar bymtheg o'r enw Llansoar, cyn symud i'r cartref oedd yn anrheg priodas gan ei rhieni – Oaklands yn Llanhenwg. Rhoddodd ei phriodas ryddid newydd i Margaret mewn sawl ffordd. Rhoddodd y gorau i wisgo'r staes anghyfforddus yr oedd ei mam, flynyddoedd ynghynt, wedi mynnu ei bod yn ei gwisgo, ac fe gafodd ryddid o fath llawer pwysicach hefyd, a'i gwnaeth hi'n hapus:

> ... not due in the first place to marriage but to the fact that almost at the same moment, I found suffrage and business. I was fully occupied with worthwhile things at last.
>
> Margaret Haig Thomas

Dyma pryd y newidiodd ei bywyd go iawn. Ar ôl dyweddïo, roedd hi wedi rhoi'r gorau i gangen leol Cyngor y Gymdeithas Rhyddfrydol gan bod ei gŵr yn geidwadwr. Yna, bedwar mis ar ôl priodi, ymunodd ag Undeb Cymdeithasol a Gwleidyddol y Menywod – mudiad Emmeline Pankhurst – gan ddweud ei bod wedi 'shaken the dust of all parties off my feet until such time as the vote is granted to women on the same terms as men'.

Tua adeg ei phriodas, roedd un o chwiorydd ei mam, Florence Haig, wedi bod yn y carchar dros achos y syffragetiaid, a chafodd wahoddiad i Lan-wern i ddweud yr

Priodas Margaret a Humphrey

Y cartref priodasol

hanes. Ar ôl ei hymweliad roedd Margaret yn benderfynol o ymuno â'r orymdaith trwy Hyde Park, lle roedd rhyw hanner miliwn o fenywod wedi ymgunnull. Aeth ei mam gyda hi – yn rhannol gan ei bod yn credu yn yr achos, ac yn rhannol fel *chaperone*.

Y flwyddyn wedyn, mae Margaret yn dweud iddi gael gafael ar bob pamffled posibl o blaid ac yn erbyn rhoi'r bleidlais i fenywod, ac wedi darllen pob un. Roedd ganddi lond droriau ohonyn nhw, meddai. Roedd hi'n amlwg wedi dod o hyd i rywbeth oedd wrth fodd ei chalon, rhywbeth yr oedd yn ei gymharu â chwa o awyr iach. Doedd ei gŵr a'i deulu ddim yn rhannu ei brwdfrydedd dros y pwnc a dweud y lleiaf! Gwrthododd Humphrey adael i ambell un o'i chyd-ymgyrchwyr groesi trothwy eu cartref.

Cafodd Undeb Cymdeithasol a Gwleidyddol y Menywod (WSPU) ei sefydlu yn 1903 ac roedd yr undeb hwn yn cael ei ystyried yn garfan eithafol o'r ymgyrch. Erbyn 1905 roedden nhw'n galw am weithredu uniongyrchol. Mi lwyddon nhw i ddenu miloedd o fenywod i gymryd diddordeb mewn gwleidyddiaeth – menywod oedd yn anfodlon â'u bywydau cul. Roedd y mudiad yn disgwyl i aelodau dorri pob cysylltiad â phleidiau gwleidyddol, arwyddo cytundeb yn cefnogi nod a dulliau gweithredu y WSPU a thyngu teyrngarwch i'r achos.

Y mudiad arall amlwg oedd Undeb Cenedlaethol Cymdeithasau'r Bleidlais i Fenywod, a'u nod nhw oedd ennill y bleidlais trwy addysgu dynion a menywod, a lobïo aelodau seneddol. Menywod o'r blaid Ryddfrydol oedd llawer ohonynt, ond doedden nhw ddim eisiau codi embaras ar y llywodraeth. Millicent Garrett Fawcett oedd arweinydd y mudiad.

Yn ôl yr hanesydd Deirdre Beddoe, roedd y mudiadau cyfansoddiadol yn gryfach yng Nghymru na'r rhai milwriaethus – ond roedd Sir Fynwy yn eithriad. Yno, roedd y WSPU yn eithaf cryf. Cyfrannodd Margaret lawer at hynny. Dechreuodd trwy sefydlu cangen o'r WSPU yng Nghasnewydd, a daeth yn ysgrifennydd yn ei thro. Byddai'n canfasio o ddrws i ddrws, yn gorymdeithio â *sandwich board* amdani ac yn y blaen.

O dipyn i beth cafodd wahoddiad i annerch Clwb Rhyddfrydwyr Merthyr – y tro cyntaf iddi siarad yn gyhoeddus. Llwyddodd i ddwyn perswâd ar Annie Kenney, un o arweinwyr y WSPU, i fynd gyda hi. Roedd y lle'n llawn ac yn swnllyd ryfeddol gyda phobl yn chwarae offerynnau taro a thrwmpedi. Roedd hi'n amhosibl i bobl eu clywed. Yna, bu'n rhaid i'r ddwy wynebu'r dorf yn taflu penwaig a thomatos atynt.

Wnaeth Margaret ddim colli ffydd. Trefnodd gyfarfod yn y Temperance Hall yng Nghasnewydd a gwahodd Mrs Pankhurst yno. Llwyddodd i dawelu'r dorf a chael gwrandawiad.

Yn ystod y cyfnod yma, roedd Margaret yn darllen yn eang ac yn ymchwilio i hanes, gwleidyddiaeth a chymdeithaseg y bedwaredd ganrif ar bymtheg. 'Politics,' meddai, 'had become my business.' Roedd yn llythyru'n gyson â'r papurau lleol ac yn ysgrifennu erthyglau di-ri fel rhan o'i gwaith gyda'r WSPU. Cafodd deipiadur gan ei thad yn anrheg pen-blwydd er mwyn hwyluso'r gwaith.

Byddai Margaret hefyd yn gwerthu cylchgrawn y WSPU, *Votes for Women*, ar strydoedd Casnewydd (er, mae'n cyfaddef iddi neidio i stryd gefn un diwrnod pan welodd gerbyd ei mam yng nghyfraith yn dod tuag ati). Yn ôl Deirdre Beddoe, roedd gwerthu'r cylchgrawn yn '... an amazing act for a woman of her class'.

Trwy hyn oll, cafodd Margaret gefnogaeth ei rhieni. Bu ei thad yn is-lywydd Cynghrair Genedlaethol Dynion dros Roi'r Bleidlais i Fenywod, a'i mam yn cadeirio neu'n siarad mewn nifer o gyfarfodydd cyhoeddus. Bellach roedd chwaer Sybil, Florence Haig, wedi bod yn y carchar sawl gwaith. Felly hefyd ei chwiorydd eraill, Celia ac Eva.

Roedd Humphrey Mackworth wedi gofyn i'w wraig addo na fyddai hi fyth yn mynd i'r carchar, ond nawr, dyma Margaret yn cymryd cam mawr i'r cyfeiriad hwnnw. Wrth ymweld â phencadlys y WSPU yn Llundain, roedd wedi cael basged o 12 ffiol wydr, 6 ohonynt yn cynnwys un math o gemegyn a 6 yn cynnwys math gwahanol. O gymysgu'r

Suffragette Outrage.

Mr. D. A. Thomas' Daughter Fined.

But Decides to Go to Prison.

Margaret Haig Mackworth, The Oaklands, Caerleon, only daughter of Mr. and Mrs. D. A. Thomas, Llanwern, surrendered to her bail at Newport Police Court on a charge of unlawfully placing in a certain post

Adroddiad papur newydd yn nodi ei dedfryd

ddau sylwedd, roedd modd achosi tân. Dyna fwriad Margaret wrth i ddulliau protest y WSPU ymestyn i gynnau tanau mewn blychau post – gweithred oedd yn tynnu sylw, ond ddim yn peryglu bywyd.

Aeth â'r fasged adref a'i chuddio o dan y llwyni cyraints duon yn yr ardd! Wythnos yn ddiweddarach aeth i'w chodi a mynd â hi i siop y syffragetiaid yng Nghasnewydd i ddysgu eraill beth oedd y drefn.

Roedd hi'n nerfus, meddai, ar 21 Mehefin 1913 wrth bostio dau diwb i flwch llythyrau – roedd angen dipyn o nerth i dynnu'r cyrc a gwthio'r pecyn i mewn – ar ffordd Rhisga yng Nghasnewydd. Roedd yna dystion, ac roedd wyneb Margaret yn un cyfarwydd yn lleol. Cafodd ei harestio yn fuan wedyn, a chael ei chloi mewn cell dywyll, fudr yn y dref.

Wedi iddi gael ei rhyddhau ar fechnïaeth, bu'n rhaid iddi ddychwelyd adref i wynebu gŵr a theulu yng nghyfraith blin. Yn llys Brynbuga plediodd Margaret yn ddieuog yn unol â threfn y WSPU, ond cafwyd hi'n euog a'i dirwyo £10 gyda £10 o gostau. Gwrthododd dalu, a chael ei dedfrydu i garchar am fis. Fel menywod eraill y WSPU, ei bwriad o'r dechrau oedd ymprydio yn y carchar. Wnaeth hi ddim bwyta nac yfed am dridiau. Ar ôl pum niwrnod, cafodd ei rhyddhau – y drefn oedd ailarestio menywod yn y sefyllfa yma unwaith yr oedden nhw wedi cryfhau. Ond cyn iddi ddychwelyd i'r carchar, cafodd ei dirwy ei thalu gan rywun anhysbys – ei gŵr yn ôl pob tebyg.

Nid pawb oedd mor ffodus:

I'r rhai a aeth i'r carchar roedd e'n brofiad echrydus, erchyll iawn iawn, yn gorfod diodde celloedd tywyll, diflas, brwnt. Roedd llawer ohonyn nhw'n penderfynu mynd ar streic newyn ac wedyn yn cael eu gorfodi i fwyta drwy roi pipen rwber eitha trwchus naill ai yn eu cegau, lawr eu llwnc neu trwy eu trwynau nhw, yn gorfodi'r bwyd arnyn nhw – roedd rhai o'r menywod 'ma'n dost iawn.

Roedd hi [Margaret] yn symbol pwysig iawn – hi o'dd yr unig un o Gymru aeth i'r carchar yng Nghymru am weithred a wnaethpwyd yng Nghymru, felly mae'n ddylanwadol yn hynny o beth. Oherwydd ei chefndir roedd pawb yn ei nabod, a nabod ei theulu, felly roedd hi'n symbol pwysig o rywun oedd yn barod i aberthu a rhoi'i hunan dros yr ymgyrch.

Dr Sian Rhiannon Williams, hanesydd

Erbyn 1914, daeth sawl newid i fywyd Margaret. Gyda marwolaeth ei thad yng nghyfraith ym mis Mawrth y flwyddyn honno roedd ei gŵr, Humphrey, wedi etifeddu barwniaeth y teulu, a daeth Margaret yn Arglwyddes Mackworth. Ychydig fisoedd yn ddiweddarach, daeth ei hymgyrchu gyda'r WSPU i ben. A'r rhyfel ar y gorwel, penderfynodd y mudiad beidio â gweithredu'n filwriaethus mwyach, a chafodd y menywod hynny oedd yn y carchar eu rhyddhau. Roedd hwn yn gyfle i Margaret weithio'n agos gyda'i thad – yr ail ddatblygiad mawr yn ei bywyd ar ôl priodi:

She learnt a lot about business from her father. In a way she had an unofficial apprenticeship with him but even before that he used to talk to her about business. For somebody in the late 19th century to be taking their daughter as their sort of confidante and discussing ideas about business is really rather unusual.

Yr Athro Angela John, cofiannydd

Roedd mam Margaret yr un mor gefnogol – yn wir, hi wnaeth awgrymu y dylai Margaret gael y cynnig cyntaf pan oedd ei thad, D. A. Thomas, yn chwilio am gynorthwyydd/ysgrifennydd – rhywun y gallai ymddiried yn llwyr ynddyn nhw i helpu i redeg y busnes a gwneud penderfyniadau er budd y teulu. Swydd fel hon fyddai mab wedi ei chymryd, mae'n debyg. Nid oedd y sefyllfa wrth fodd gŵr Margaret a'i theulu yng nghyfraith. Roedden nhw'n ei hystyried hi'n amhriodol i wraig o statws weithio'n gyhoeddus.

I ddechrau, roedd Margaret yn gwneud gwaith clerigol a negeseuon, ond roedd D.A. hefyd yn ei dysgu sut i reoli buddsoddiadau'r teulu, sut i negydu, sut oedd busnesau'n cael eu hariannu. Dysgodd Margaret yn gyflym – cafodd fwy a mwy o gyfrifoldebau a chodwyd ei chyflog i £1,000 y flwyddyn. Erbyn 1914, roedd D.A. wedi rhoi busnes papurau newydd y teulu yn ei dwylo hi.

Roedd gan y cwmni reolaeth dros nifer fawr o gylchgronau, yn eu plith *Y Tyst*, y *Cambrian News*, *Y Faner* a'r *South Wales Journal of Commerce* ynghyd â daliadau mewn gweisg fel cwmni Gee Dinbych, Cambrian News, Aberystwyth a'r South Wales Printing and Publishing Company yng Nghaerdydd. Roedd ei ymerodraeth fusnes yn ymestyn cyn belled â'r Unol Daleithiau a Chanada.

Yn 1915, croesodd y tad a'r ferch yr Iwerydd i ymweld â rhai o'r busnesau hynny. Roedd y ddau, ynghyd ag ysgrifennydd personol D. A. Thomas, Arnold Rhys-Evans, yn dychwelyd ar long enwog y *Lusitania*. Ar fore'r fordaith yn ôl, roedd rhybudd mewn papur newydd yn Efrog Newydd gan yr Almaenwyr yn atgoffa teithwyr o'r peryglon yr oedden nhw'n eu hwynebu gan longau tanfor. Yn wir, wrth i'r llong nesáu at Queenstown yn Iwerddon, ymosododd U-boat ar y llong. Bu farw 1,198 o'r 1,900 ar fwrdd y llong a bu Margaret, ei thad a'i ysgrifennydd yn hynod o ffodus i oroesi:

Roedd y llong yn suddo yn sydyn iawn. Mae hi'n nodi

iddi dynnu ei sgertiau – roedd hi am neidio i'r dŵr, ond erbyn hynny roedd y dŵr wedi codi mwy neu lai i lefel y dec lle'r oedd hi. Wedyn mae hi'n plymio, ac mae hi'n dweud ei bod hi'n dod i fyny a *debris* y cwch o'i chwmpas hi.

Mair Morris, ymchwilydd hanesyddol

Bu Margaret yn y dŵr yn anymwybodol am rai oriau. Mae'n dweud ei hun ei bod yn ffodus tu hwnt fod cadair wedi ei chodi hi damaid uwchben lefel y dŵr. Fel arall, efallai na fyddai'r cychod achub wedi ei gweld. I ddechrau, roedd y rhai ddaeth o hyd iddi yn credu ei bod yn farw. Daeth Margaret ati ei hun yn noeth ond wedi ei lapio mewn blancedi ar fwrdd llong fechan.

Y mis wedyn, roedd yn rhaid i D. A. Thomas ddychwelyd i America. Erbyn hyn, roedd wedi rhoi'r gorau i wleidydda, ond roedd Lloyd George wedi gofyn iddo sicrhau cyflenwad o arfau o'r Unol Daleithiau. Roedd hynny'n golygu y byddai oddi cartref am rai misoedd. Dyma gyfle mawr Margaret. Rhoddodd ei thad bŵer atwrnai iddi, a chyfrifoldeb am ei holl fusnes preifat. O hynny allan, datblygodd ei sgiliau busnes o nerth i nerth, a daeth yn wraig fusnes adnabyddus:

By 1919 she was chairing 7 boards and sat on a total of 33. She had more directorships than any other woman in the UK. In 1927, the *Daily Herald* actually saw her as one of the 5 most influential business people in the UK.

Yr Athro Angela John

Rywsut, yng nghanol y prysurdeb yma, cafodd Margaret amser i gyfrannu'n helaeth at y rhyfel. Yn 1917, cafodd ei phenodi yn gomisiynydd Gwasanaeth Cenedlaethol y Menywod yng Nghymru. Bu'n teithio trwy Gymru yn recriwtio menywod i Fyddin y Tir a Chorfflu Cynorthwyol y Menywod.

Y flwyddyn ganlynol, daeth yn Brif Reolwr Recriwtio Menywod yn Llundain. Yn y swydd honno, roedd yn rhaid iddi gydweithio'n agos â'r Weinyddiaeth Lafur a nifer o fudiadau menywod. Yna, wrth i'r rhyfel dynnu tua'i derfyn, roedd yn rhan o'r trefniadau i adfer Prydain, gan eistedd ar Bwyllgor Ymgynghorol y Menywod a dod yn un o'r rhai oedd yn cynllunio newidiadau i iechyd a lles menywod.

Roedd mam Margaret, Sybil, hefyd yn weithgar iawn dros y cyfnod yma ar sawl pwyllgor, yn sefydlu Mudiad Cenedlaethol y Ceginau, a chafodd rhan o'r cartref yn Llan-wern ei droi yn ysbyty i filwyr oedd wedi eu clwyfo; ond roedd y rhyfel wedi gadael ei ôl ar D. A. Thomas.

Roedd wedi dychwelyd o'r Unol Daleithiau a chael ei ddyrchafu i Dŷ'r Arglwyddi. Yna, cafodd ei benodi gan Lloyd George yn gadeirydd y Bwrdd Llywodraeth Leol, ac yn ddiweddarach, yn 1917, symudodd i'r Weinyddiaeth Fwyd. Ond roedd yr holl waith wedi mynd yn drech nag o. Dirywiodd ei iechyd, a bu farw ar 3 Gorffennaf 1918.

Roedd newydd gael ei ddyrchafu'n Iarll ar 19 Mehefin 1918, 'with special remainder to Margaret Haig Thomas' – hynny yw, caniatâd arbennig i gael pasio'r teitl i'w ferch. Yn ôl Lloyd George, doedd y Brenin Siôr V ddim ond yn caniatáu hynny '... in cases where the service rendered to the state is very conspicuous'.

Roedd Margaret wedi colli tad, cyfaill a mentor, ond roedd wedi

Margaret Haig Thomas

etifeddu ei deitl, ei fuddiannau busnes a'i gyfoeth. Roedd hi bellach yn Iarlles, neu'n Arglwyddes Rhondda. Y flwyddyn ganlynol, croesodd Margaret, ei gŵr a'i mam yr Iwerydd i ymweld â rhai o fusnesau'r teulu. Roedden nhw yn yr Amerig am rai misoedd. Ar ôl dychwelyd, wynebodd Margaret a Humphrey yr hyn yr oedd hi'n ei alw'n 'incompatibility', ac o dipyn i beth, arweiniodd hynny at ysgariad.

Roedd niferoedd ysgariadau ar i fyny ar ôl y rhyfel, ond roedd dipyn o stigma o'u cwmpas o hyd – yn enwedig ymhlith y dosbarth uwch a rhan ucha'r dosbarth canol. I lawer o fenywod, byddai ysgariad yn golygu colli cartref, enw da a sicrwydd ariannol – yn ogystal ag unrhyw blant. Y drefn bryd hynny oedd bod y plant yn aros gyda'r tad.

Gwnaeth Margaret gais am ysgariad ym mis Rhagfyr 1922 '... on the grounds of Humphrey's statutory desertion and adultery'. Sail hynny oedd iddi ysgrifennu sawl llythyr ato tra oedd ar wyliau yn Ffrainc yn hydref 1921, ond nad oedd wedi ateb. Wedi dychwelyd adref, daeth o hyd i lythyr ganddo yn dweud na allai'r sefyllfa bresennol barhau, ac yn cynnig gwahanu. Mae Margaret yn dweud iddi apelio at ei gyfreithwyr iddo ailystyried, ac i'r cyfreithwyr ddangos copi o gofrestr y Midlands Grand Hotel ar 5 Gorffennaf 1922 wedi ei arwyddo gan Humphrey a Margaret Mackworth – a bod staff y gwesty wedi cadarnhau nad ei wraig oedd gyda Humphrey.

Roedd hon yn ffordd gyffredin o 'baratoi' at ysgariad. Does dim sicrwydd a oedd y digwyddiad yn un go iawn ynteu a oedd wedi ei greu, ond yn ôl yr hanesydd Deirdre Beddoe, 'Humphrey went through the charade of spending the night in a hotel with a woman who was not his wife.'

Mewn llythyr at ei ffrind, Elizabeth Robins, ym mis Rhagfyr 1921, dywed Margaret: '... I expect it's best in the long run to own up to a failure but the process is beastly – I think it's both our faults – or perhaps neither – we simply never fitted – though we tried to pretend we did for thirteen years.'

Divorce was still very expensive very unusual, and quite shaming. She and Humphrey didn't really have that much in common. She once said he's a nice man, but he does nothing. I don't think it was perhaps quite as shaming for Margaret as it might have been for some other people. I think she was in a position where she just got on with her life and they went their separate ways.

Yr Athro Angela John, cofiannydd

Bellach, roedd ganddi ryddid ac arian i wneud beth bynnag a fynnai – a'r hyn yr oedd hi'n ysu am ei wneud oedd rhedeg cylchgrawn. Rhoddodd hynny ar waith ychydig cyn yr ysgariad, ac roedd *Time and Tide* yn torri tir newydd, yn gwyntyllu materion oedd o bwys i fenywod. 'Time and Tide wait for no man' meddai'r clawr, a dangosodd y llun o Big Ben a'r llanw yn llifo dan bont Westminster o'r cychwyn mai gwleidyddiaeth fyddai hanfod y cylchgrawn:

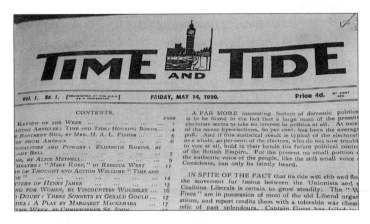

Time and Tide

Mis Mai 1920 oedd hi, a'r cylchgrawn am fod yn ganolbwynt ei bywyd am weddill ei hoes.

Mi oedd yna bapurau i ferched – ond yn y cyfnod yma papurau yn ymwneud â sut i reoli tŷ, ac ynglŷn â phethe newydd oedd yn dod allan oedden nhw. Doedd yna ddim papur cig a gwaed. Roedd Margaret yn hoff o ddarllen y *New Statesman* ac wedyn roedd hi wedi sefydlu *Time and Tide*. Roedd yna chwe dynes arall yn gyfarwyddwyr – roedd y bobol oedd yn rheoli *Time and Tide* felly yn ferched, ond y cyfranwyr yn ddynion a merched.

Mair Morris

Roedd tad yr hanesydd yr Athro K. O. Morgan yn ohebydd gwyddbwyll i'r cylchgrawn:

Y pwrpas oedd, yn y dechre, bod yn gylchgrawn *progressive*, rhyddfrydol, yn gweithio'n galed ofnadwy dros bethau oedd yn bwysig i ferched, nid yn unig y bleidlais i ferched. Rhaid cofio, wrth gwrs, ar ôl y rhyfel byd cyntaf dim ond merched dros 30 oedd yn cael y bleidlais.

Roedd llawer o bethau cymdeithasol a diwydiannol i ferched – *birth control*, *abortion*, statws merched – dyna brif ddiddordeb y cylchgrawn dwi'n meddwl. Roedd hi'n bencampwr cryf iawn dros bethe fel'na ac yn effeithiol iawn, dwi'n meddwl.

Yr Athro K. O. Morgan

Ychydig cyn dechrau'r cylchgrawn, roedd Margaret wedi sefydlu mudiad o'r enw'r Six Point Group i ymgyrchu dros hawliau a lles menywod. Roedd ei chylchgrawn newydd yn lle delfrydol i hyrwyddo'r syniadau hynny, ac i ymgyrchu:

Roedd y Six Point Group yn chwilio am:
- Cyflog cyfartal i ddynion a merched ym myd addysg
- Cyfle cyfartal i ddynion a merched oedd yn weision sifil
- Cyfle cyfartal i ddynion a merched oedd yn gofalu am y plant
- Roedd hi isio i'r wladwriaeth roi arian i helpu merched sengl hefo plant a gweddwon, a helpu i stopio trais yn erbyn plant.

Roedd lot o'r hyn roeddan nhw yn ei wneud yn cael ei gynnwys yn *Time and Tide*, yn enwedig yng nghyfnodau'r etholiadau rhwng 1922 ac 1924.

Mair Morris

Margaret oedd perchennog *Time and Tide*, a hi oedd yn ei ariannu. Roedd hi'n cyfrannu tuag at bolisïau a chyfeiriad golygyddol y cylchgrawn, ond doedd ganddi mo'r amser i'w redeg.

Helen Archdale oedd y golygydd yn y blynyddoedd cyntaf. Roedd Margaret a Helen Archdale wedi cyfarfod mewn pwyllgorau yn ystod y Rhyfel Byd Cyntaf, drwy eu gwaith ymgyrchu dros hawliau menywod. Yn ogystal â bod yn olygydd, roedd Helen yn un o gyfarwyddwyr gwreiddiol y cwmni.

Erbyn dechrau'r 1920au, roedd y ddwy yn rhannu fflat yn Llundain a thŷ yng Nghaint o'r enw Stonepitts. Yn y cyfnod yma, roedd Margaret yn dal ati â'i diddordebau busnes. Yn 1926 cafodd ei phenodi yn llywydd Sefydliad y Cyfarwyddwyr, swydd y bu ynddi am ddeng mlynedd. Does yr un fenyw arall wedi dal y swydd honno hyd heddiw. Bu hefyd yn ymgyrchu'n ddyfal dros estyn y bleidlais i fenywod. Roedd menywod dros eu 30 wedi cael y bleidlais ar ôl y rhyfel, ond roedd y brwydro yn awr yn troi tuag at hawliau menywod dan 30. Yn ogystal â'i gwaith distaw y tu ôl i'r llenni, roedd Margaret ymhlith y rhai fu'n trefnu rali fawr yn Hyde Park, Llundain, yn 1926, a bu hi a Mrs Pankhurst yn annerch y dorf.

Dyma'r cyfnod hefyd pan fu'n ceisio ennill yr hawl i eistedd yn Nhŷ'r Arglwyddi. Fel menyw, doedd ganddi ddim hawl i wneud hynny:

Mi oedd Margaret yn flaenllaw iawn, roedd hi'n gweld ei fod e'n annheg. Pe byddai hi wedi bod yn ddyn byddai ganddi hawl i eistedd yn Nhŷ'r Arglwyddi. Roedd hi wedi profi ei hun fel menyw fusnes, fel rhywun oedd yn gallu sgrifennu, roedd y cylchgrawn yma ganddi ... fel rhywun oedd yn gallu siarad yn gyhoeddus yn dda. Ond yr unig beth oedd yn ei stopio hi oedd y ffaith ei bod hi'n fenyw. Roedd hi'n gwybod bod hynny'n annheg – hi oedd y person oedd yn ceisio sicrhau ac ennyn pobl i ddeall fod y sefyllfa yma'n annheg.

Y Farwnes Eluned Morgan

Fe wnaeth gais yn gyntaf i gymryd ei sedd yn Nhŷ'r Arglwyddi yn 1922. Cafodd y cais ei dderbyn, ond yna ei herio gan un o bwyllgorau'r Tŷ. Aeth yn dipyn o frwydr gyhoeddus rhwng y rhai oedd am weld menywod yn cael eu derbyn a'r rhai oedd yn daer yn erbyn newid y drefn. Rhwng 1924 a 1928 cafodd sawl cynnig eu rhoi gerbron Tŷ'r Arglwyddi, ond gwrthodwyd pob un. Draw yn Nhŷ'r Cyffredin, cyflwynodd yr aelod fenywaidd gyntaf, Nancy Astor, sawl mesur, ond ofer fu'r cyfan. Roedd digon o bobl yn gweld eironi'r sefyllfa – ei bod yn ymgyrchu dros y bleidlais i fenywod dros 21 oed ond yn methu eistedd yn Nhŷ'r Arglwyddi gan ei bod yn fenyw.

Wnaeth hi ddim rhoi'r gorau i frwydro, ond wnaeth agweddau ddim newid tan ar ôl yr Ail Ryfel Byd. Cafwyd nifer o ddeisebau yn ymgyrchu dros hawliau i fenywod, ac yn 1952 cyhoeddwyd llythyr yn y *Times* yn dweud bod angen edrych o'r newydd ar y sefyllfa. Wrth i'r Frenhines baratoi i agor y senedd, meddid, byddai menyw yn nhu blaen Tŷ'r Arglwyddi, a menywod yn y cefn ymhlith yr aelodau seneddol, ond dim un yn y canol.

Dim ond ar ôl Deddf Arglwyddiaethau am Oes 1958 y digwyddodd hynny. Cafodd Margaret fyw i weld y ddeddf yn cael ei phasio, ond bu farw cyn i'r fenyw gyntaf gael ei derbyn ym mis Hydref. Roedd yn rhaid i fenywod oedd wedi etifeddu eu teitlau aros tan 1963 i gymryd eu seddi.

O'r diwedd, yn 2012, cafodd Arglwyddes Rhondda ei lle yn Nhŷ'r Arglwyddi pan gafodd llun ohoni ei ddadorchuddio yno i gofio am ei chyfraniad mawr:

Mae'n arbennig bod y llun yma nawr yn iste yn Nhŷ'r Arglwyddi ar ôl y frwydr hir yma dros ddegawdau – ei bod hi wedi marw jyst ar ôl iddi helpu i gael y fraint i iste yn Nhŷ'r Arglwyddi – ei bod hi wedi marw cyn gallu cymryd ei sedd. Ond mae'n anhygoel nawr i feddwl ei bod hi yn cael ei lle, yn cael ei chydnabod a bod y frwydr yma yn un hanesyddol: ei fod o'n cael ei dderbyn mai hi oedd yn rhannol gyfrifol am y newid.

Y Farwnes Eluned Morgan

Yn 1926, roedd Helen Archdale yn awyddus i roi'r gorau i olygyddiaeth *Time and Tide* er mwyn brwydro dros hawliau menywod ar lefel Ewropeaidd. O ganlyniad i hyn, penderfynodd Margaret gymryd yr awenau ei hun. Hi fyddai wrth y llyw am weddill ei hoes. Rhoddodd ei holl egni i'r gwaith – nid yn unig roedd hi'n olygydd, ond roedd hi'n ysgrifennu erthyglau ac adolygiadau hefyd. Roedd yn teithio dramor i hyrwyddo *Time and Tide* ac i chwilio am gyfranwyr, ond yn nes at adref, roedd y cyfranwyr o'r safon uchaf. Roedd W. H. Auden yn gyfrannwr yn ei ddyddiau cynnar, yn ogystal ag enwau fel H. G. Wells, George Orwell, Ezra Pound, Dorothy Sayers a Noël Coward oedd yn britho'r tudalennau. Yn *Time and Tide* y gwelodd 'Diary of a Provincial Lady' E. M. Delafield olau dydd am y tro cyntaf:

> Yn *Time and Tide* mae yna ddwy elfen. Roedd hi'n credu y dylai pawb wneud diwrnod o waith, ond roedd hi'n eitha teg hefyd. Roedd erthyglau'n dod i mewn erbyn amser cinio dydd Llun, ac mi fydden nhw'n cael cyfarfod cynnwys ar ddydd Mercher. Ar ôl y cyfarfod, roedd hi'n mynd â'r staff a'r cyfarwyddwyr allan am ginio – i'r Ivy roeddan nhw'n hoffi mynd. Mae stori hefyd ei bod hi yn mynd â'r staff am wyliau – mynd â nhw dramor i dde Ffrainc – mae'r hanes yn y papur newydd.
>
> Mae hanes hefyd am yr erthyglau oedd yn dod i mewn. Roedd pwy bynnag oedd wedi anfon yr erthyglau yn gallu barnu beth oedd hi'n feddwl ohonyn nhw – os oedd hi yn hoff o'r erthygl, roedd hi'n rhoi hanner dwsin o wyau i chi o Lan-wern. Os oedd hi yn hoff iawn o'r erthygl, roedd hi'n rhoi dwsin i chi.
>
> Mair Morris

O dipyn i beth, aeth Margaret ati i wyro'r cylchgrawn oddi wrth y frwydr ffeministaidd i bynciau mwy cyffredinol am gydraddoldeb a chyfiawnder cymdeithasol. Erbyn hyn, roedd yn sicrhau hefyd fod cydraddoldeb rhwng dynion a menywod yn y cylchgrawn ac ymhlith y staff. Doedd y newid ddim wrth fodd nifer o ffeministiaid, a chafodd ei chyhuddo o fradychu'r achos:

> *Time and Tide* ... adapted in the most incredible ways because although up until 1928 it was a paper that

showcased women's rights, and played a very important role I think in advertising all kind of issues and really advocating gender equality from the period when women got the vote, in 1928 it branched out and adapted and became the leading literature paper of the day. I mean everybody wrote for it – her great friend Winifred Holtby, George Bernard Shaw, Virginia Woolf – all sorts of people wrote. After the Second World War it changed again and became a paper that really was seen as a cutting edge paper on international politics and people's opinions of the day so it was really to have about three different lives and there was this one person who kept it going throughout. By the early 40s it had a weekly circulation of 40,000 and that's quite a staggering circulation when you think about it and to produce that paper every week is really no mean achievement.

Yr Athro Angela John

Ond erbyn yr 1950au roedd y gwerthiant wedi gostwng yn sylweddol, a'r cyhoeddiad yn colli arian yn arw. Roedd costau cynhyrchu yn codi a'r papurau Sul yn fwy o gystadleuaeth.

Doedd colli arian ar y fenter ddim yn beth newydd – roedd y sefyllfa ariannol yn achosi pryder ers blynyddoedd. Yn 1931 roedd Margaret wedi gosod ei thŷ yn y wlad i greu incwm ychwanegol. Ond yn awr roedd yn argyfwng, ac apeliodd Margaret ar ei darllenwyr am gefnogaeth, cefnogaeth a ddaeth o bob rhan o'r byd i greu cyfanswm o £25,000.

Yn ôl yr awdur T. S. Eliot, byddai colli *Time and Tide* yn 'national disaster'. O'r dechrau i'r diwedd, roedd y cylchgrawn yn rhan annatod o Margaret.

Time and Tide was the twelve children she would have liked, the seat in the House of Lords she tried to claim. She would work 14 hours a day, and not understand that members of staff had other things to do!

Anthony Lejeune,
dirprwy olygydd olaf *Time and Tide*

Daeth perthynas Margaret a Helen Archdale i ben ddechrau'r 1930au. Doedd iechyd Margaret ddim yn rhy dda yn ystod y cyfnod hwn, ac mi aeth ar *cruise* i fôr y canoldir i ddod ati ei hun. Ymhlith ei chyd-deithwyr roedd Theodora Bosanquet, ysgrifennydd Ffederasiwn Rhyngwladol Menywod y Prifysgolion.

Roedd y ddwy wedi cyfarfod yn 1922 trwy eu diddordeb yn y frwydr ryngwladol dros hawliau menywod – nid oedd y ddwy yn cyd-weld ynglŷn â'r ffordd ymlaen, felly doedd y berthynas ddim yn un agos ... tan y fordaith. Cyn dychwelyd o'r gwyliau, mae'n debyg fod y ddwy wedi penderfynu cyd-fyw. Bu'r ddwy gyda'i gilydd am bum mlynedd ar hugain. Roedd Margaret yn ymwybodol y gallai pobl fod yn siarad, felly dechreuodd ddweud bod ei thŷ yn rhy fawr iddi, a'i bod wedi penderfynu rhentu rhai ystafelloedd i Theodora gan fod y ddwy yn ysgrifennu llyfr gyda'i gilydd. 'I suppose the truth is, I do hate being alone,' meddai.

Yn ystod y chwarter canrif nesaf, rhannodd y ddwy dŷ yn Hampstead, tŷ yn y wlad yn Surrey, ac yn ystod eu blynyddoedd olaf, fflat yn Green Park. Ymunodd Theodora â staff *Time and Tide* fel golygydd llenyddol. Mae'n ymddangos bod y ddwy yn agos iawn, a'r berthynas heb y tensiynau oedd yn amlwg rhwng Margaret a Helen Archdale.

Roedd un fenyw arall yn rhan bwysig o fywyd Margaret. Cyfarfu â Winifred Holtby yn 1924 pan anfonodd yr awdur a'r newyddiadurwraig ifanc erthygl i *Time and Tide*. Roedd

Margaret wedi rhyfeddu ati gymaint nes iddi gynnig swydd iddi yn ysgrifennu colofn olygyddol y cylchgrawn. O fewn dwy flynedd, roedd Winifred yn rhan annatod o'r tîm, ac yn gyfarwyddwr y cwmni cyhoeddi. Bu'r ddwy ar wyliau gyda'i gilydd yn Ffrainc, ac roedd Winifred yn ymweld yn gyson â'i thŷ yn y wlad. Mae Margaret mewn un llythyr ati yn cyfeirio ato fel 'my last love-letter'. Bu farw Winifred o glefyd Bright, ac roedd Margaret yno yn cadw gwylnos gyda theulu a chyfeillion eraill:

> Yn bendant roedd ganddi berthnasau clos efo merched. Mae posib dehongli hynny mewn dwy ffordd. Does dim tystiolaeth i gadarnhau eu bod nhw'n berthnasau lesbiaidd ond yn bendant roedd yna dair merch – wel, pedair a dweud y gwir. Roedd Margaret yn teithio ddwy neu dair gwaith y flwyddyn – bu Priddy yn gydymaith iddi yn teithio.
>
> Mair Morris

Ffrind iddi o ddyddiau ysgol St Leonard's o'r enw Elizabeth Pridwen oedd y bedwaredd, sef 'Priddy'.

Erbyn ail hanner yr 1950au roedd iechyd Margaret yn dirywio. Torrodd ei chlun ar fwrdd llong ar y ffordd i Dde Affrica ym mis Ionawr 1957, a wnaeth yr anaf ddim gwella'n llwyr. Dros y flwyddyn nesaf, gwanhau wnaeth hi oherwydd afiechyd ar y galon a chancr yn y stumog. Ym mis Mawrth 1958, gohiriodd lawdriniaeth ar ei stumog oherwydd argyfwng yn *Time and Tide*, ond erbyn mis Gorffennaf y flwyddyn honno, cyhoeddodd y cylchgrawn fod y golygydd wedi ei hanfon i'r ysbyty am seibiant. Y gwir oedd iddi gael ei rhuthro yno oherwydd ei bod yn gwaedu'n arw. Bu farw yn Ysbyty Westminster ar 20 Gorffennaf, a gwasgarwyd ei llwch yn Llan-wern bum niwrnod yn ddiweddarach.

*Y portread o Arglwyddes Rhondda
yn Nhŷ'r Arglwyddi*

Mae'n anodd cloriannu'r cyfan a wnaeth hi yn ystod ei hoes. Yn ogystal â'r hyn sydd wedi ei nodi uchod, roedd hi'n ymwneud â Chyngres Ryngwladol Cynghrair y Bleidlais i Fenywod. Yn y dau ddegau, hi oedd llywydd Cymdeithas Genedlaethol y Dinasyddion Benywaidd; roedd yn aelod gwreiddiol o Bwyllgor Etholiadau'r Menywod, yn aelod o Gynghrair Cymanwlad Prydain ac yn drysorydd Pwyllgor Apêl Menywod Rhydychen. Roedd hi'n noddwr Cronfa Apêl Crosby Hall er mwyn codi neuadd ryngwladol i ferched ôl-radd yn Llundain. Bu'n ymgyrchu dros welliannau mewn iechyd cyhoeddus, carthffosiaeth a lles plant, ac roedd yn Ustus Heddwch.

Yn ogystal, neu efallai yn sgil hyn oll roedd yn dipyn o seléb. Mewn llyfrau lloffion o eiddo'r teulu mae llu o erthyglau mawr a mân yn sôn amdani mewn ralïoedd, ciniawau, cyfarfodydd ac yn y blaen. Roedd hi'n denu'r penawdau, a phan oedd criw mawr wedi ymgasglu, roedd ei henw wastad yn uchel ar y rhestr. Roedd hi'n amlwg yn wraig adnabyddus iawn.

Mae hyn yn codi'r cwestiwn eto – pam nad ydym yn gwybod mwy amdani?

Pan ydych chi'n ystyried yr holl bethau mae hi wedi eu gwneud yn ei bywyd, mae'n anodd dirnad pam nad ydi hi yn fwy enwog. Dwi'n meddwl mai elfen gref ydi'r ffaith nad oedd ganddi deulu. Fel rhywun sy'n ei hastudio, mae'n anodd iawn – dim dogfennau, dim dyddiaduron a neb oedd yn ei chofio. Yn bendant mi ddylai hi fod yn enw cyfarwydd iawn i bobl a dydi hi ddim – hyd yn oed i haneswyr.

Mair Morris

Mae'n anodd deall pam y'n ni'n gwybod cyn lleied amdani. Dwi'n meddwl mai un o'r problemau yw'r ffaith nad oedd hi wedi ymuno gydag un blaid wleidyddol. Pe bydde hi wedi bod yn rhan o blaid, fe fyddai'r blaid yna wedi sicrhau ei bod hi wedi cael lle blaenllaw yn eu hanes nhw – bydden nhw'n dangos ei henw hi yn llachar ym mhob math o lefydd, ond dwi'n meddwl bod y ffaith ei bod hi'n brwydro yn annibynnol o'r pleidiau gwleidyddol wedi gwneud gwahaniaeth. Dwi'n meddwl hefyd yng Nghymru fod yna lawer o bobl o hyd yn anghysurus â *hereditaries* mewn unrhyw ffordd o gwbwl. Os y'ch chi'n cael eich gweld fel rhywun sy'n brwydro'r achos dros rywun oedd yn *hereditary*, dros rywun oedd â'i thad yn berchen pyllau glo, roedd honno yn sefyllfa 'ni a nhw' – ac roedd hi yn sicr yn rhan o'r 'nhw'.

Y Farwnes Eluned Morgan

Gobeithio bod enw Margaret Haig Thomas, Arglwyddes Rhondda, yn fwy cyfarwydd erbyn hyn. O ganlyniad i'r llun yn San Steffan, gwaith ymchwil Mair Morris a chofiant diweddar Angela John iddi, mae yna obaith hefyd y bydd llawer mwy yn dod i wybod amdani.

Pennod 8

Grace Williams
1906–1977

Mae enw Grace Williams yn gyfarwydd i'r mwyafrif o Gymry fel cyfansoddwraig, ond ychydig iawn sy'n sylweddoli pa mor arloesol oedd hi:

> Dyle Cymru fod yn falch [ohoni], a'i bod hi wedi torri tir arbennig i wneud gyrfa fel cyfansoddwr yn bosibl.
> Geraint Lewis, cerddor a chyfansoddwr

Hi oedd y gyntaf o'r Cymry i fentro i faes cyfansoddi i gerddorfeydd llawn ac mae ei gwaith yn cael ei werthfawrogi hyd heddiw:

> Dwi wrth fy modd yn arwain gweithiau Grace, ond dwi ddim yn ei wneud e o achos mai menyw oedd hi, dwi'n arwain y gweithiau achos bod y gweithiau yn dda.
> Owain Arwel Hughes, arweinydd

Fe brofodd Grace ei bod hi'n bosibl i ferch greu gyrfa o gyfansoddi, ac ar ben hynny ei bod hi'n bosibl i ferch lwyddo a byw yng Nghymru:

Cartref Grace yn y Barri

Mae hi fel tase hi'n dweud wrthon ni: mi fedrwch
chithau hefyd wneud bywoliaeth o fod yn gyfansoddwr.
Sioned Webb, cerddor

Ond beth a arweiniodd y ferch ifanc o'r Barri i anelu mor
uchel? Athrawon oedd rhieni Grace – William Mathew
Williams, ei thad, o deulu o argraffwyr o Gaernarfon a'i
mam, Rose Emily Richards, o Lanelli. Ganwyd Grace yn
Wenvoe Terrace, y Barri yn 1906, ond cyn geni ei brawd,
Glyn, roedd y teulu wedi symud i 9 Old Village Road, y
Barri, lle treuliodd y rhieni weddill eu hoes. Ganed chwaer
fach i Grace, Marian, yn 1917.

Tŷ yn llawn cerddoriaeth oedd eu cartref. Yn ogystal â
diddordeb mawr rhieni Grace mewn cerddoriaeth trwy
gyfrwng recordiau, roedd William hefyd yn arwain Côr
Bechgyn Ysgol Romilly. Yn yr ysgol honno, a adeiladwyd yn
1906, yr oedd William Williams yn athro ac aeth ati i
sefydlu'r côr yn ystod y flwyddyn gyntaf. Ar ôl ennill mewn
nifer o eisteddfodau aeth y côr ymlaen i deithio America ac
Ewrop. Mae'n amlwg eu bod hefyd yn cael eu hystyried yn
ddigon da i gael eu darlledu ar y radio a cheir cofnod o

Grace yn ystod ei dyddiau coleg

raglen ganddyn nhw ar 10 Ionawr 1924. Mae'r rhestr o ganeuon Cymraeg yn ddifyr iawn gan gynnwys 'Suo Gân', 'Hob y Deri Dando' a nifer o alawon Cymreig cyfarwydd eraill. Byddai Grace yn cyfeilio i gôr ei thad felly roedd yr alawon yma yn rhan bwysig o'i magwraeth.

O safbwynt hyfforddiant cerddorol nid oedd tad Grace yn credu mewn gorfodi ei blant drwy'r system arholiadau gyfyng, ond roedd ganddo gasgliad da o gopïau cerddorol o bob math a byddai'n eu hannog i chwilota drostynt eu hunain. Felly y datblygodd chwaeth gerddorol Grace. Byddai'r teulu, y tad, Glyn ei brawd a Grace, yn chwarae triawdau cerddorol gyda Grace ar y ffidil, Glyn ar y soddgrwth a'u tad ar y piano. O ran ymwybyddiaeth o gerddoriaeth gerddorfaol gallai Grace ddibynnu ar gasgliad sylweddol ei thad o recordiau ond yn 1920 daeth cyfle euraid iddi, yn 14 oed, i gael clywed cerddorfa lawn. Daeth yr Eisteddfod Genedlaethol i'r Barri yn y flwyddyn honno, a'i thad, yn naturiol, yn weithgar iawn ynglŷn â'r ochr gerddorol. Daeth Cerddorfa Symffoni Llundain yno i berfformio:

Am y tro cyntaf mae Grace yn cael clywed cerddorfa symffoni yn fyw. Fe glywodd hi, er enghraifft, *Firebird* Stravinsky. Mae'n siŵr mai hwnna oedd y tro cyntaf i hwnnw gael ei chwarae yng Nghymru beth bynnag. Ond, chi'n gwybod, o'dd hwn yn agor pob math o orwelion iddi hi o ran sain, o ran iaith, ac un o'r beirniaid oedd yn cymryd rhan yn yr Eisteddfod oedd Vaughan Williams.

Geraint Lewis

Ar y pryd roedd Vaughan Williams yn dod i amlygrwydd am ei waith ar alawon gwerin ac roedd ei themâu yn ymddangos yn newydd a ffres.

Yn 1917 derbyniodd Grace ysgoloriaeth i Ysgol Sirol y Barri i Ferched. Roedd hi'n gwneud yn dda iawn yno gan serennu yn y Ffrangeg, Saesneg, mathemateg a cherddoriaeth, wrth gwrs:

> [She] enjoyed school and entered into every part of its life wholeheartedly, whether it was the annual Shakespearean play ... or dancing, or the school orchestra, in which she played the violin.
>
> Olga Price, ffrind i Grace Williams

Ar y dechrau nid oedd athrawes gerddoriaeth lawn amser yn yr ysgol a bu'n rhaid i Grace ddibynnu ar yr athro daearyddiaeth i'w harwain trwy'r Dystysgrif Ysgol oedd yn cyfateb i arholiad TGAU heddiw. Ond erbyn iddi ddechrau ar ei chwrs uwch fe welwyd bod angen penodi arbenigwraig gerddorol lawn amser, a dyna sut y penodwyd yr athrawes, Miss Rhyda Jones. Er mai dim ond newydd raddio roedd hi, roedd yn amlwg ei bod yn gymwys iawn i'r gwaith a rhyfeddai hithau at ddawn Grace:

> When I was playing through different moderations, different keys, some related, some unrelated, she had all the answers really, and the girls found that very difficult, they didn't know what key I was going to but she knew at once, always right.
>
> Rhyda Jones yn y rhaglen *Memories of Grace*

Dan arweiniad Rhyda Jones llwyddodd Grace yn ei Thystysgrif Uwch, neu Lefel A erbyn heddiw. Ond rhoddodd Rhyda Jones lawer mwy na hynny i Grace, fel y dywedodd ei hun ar y rhaglen *Memories of Grace*:

> She would go down to Cold Knap and bring back a composition, a gavotte, a minuet or a song and the creative urge was strong then, in the beginning.

Roedd y môr yn ysbrydoli Grace o'r dechrau felly a bu'n nodwedd amlwg yn ei gwaith. Mae un o'r darnau cynharaf o'i gwaith sy'n dal ar gael yn gân a gyfansoddodd i gyd-fynd â'r gerdd Ffrangeg 'La Mer'. Os oedd y môr yn ei hysbrydoli, roedd Rhyda Jones yn miniogi ei harfau:

> Pan ydech chi'n cyfansoddi, dwi'n teimlo, rydech chi angen trystio rhywun a dyna wnaeth Grace Williams, dangos y cyfansoddiadau yma oedd hi'n eu sgriblo i lawr ar ychydig o bapurau ac yn y blaen, a'u dangos nhw i Rhyda Jones a dwi'n meddwl mai hi, yn fwy na neb, fu'n gyfrifol am iddi drio am yr ysgoloriaeth 'ma, ysgoloriaeth Morfydd Llwyn Owen, wrth gwrs.
>
> Sioned Webb

Roedd yr ysgoloriaeth yn golygu bod Grace yn cael symud yn ei blaen i Brifysgol Caerdydd. Ond mae arwyddocâd hefyd yn y ffaith mai ysgoloriaeth yn enw un o'r menywod prin o Gymru a aeth ati i gyfansoddi cyn Grace a gafodd hi. Derbyniodd Grace yr Ysgoloriaeth bum mlynedd ar ôl marwolaeth Morfydd Llwyn Owen, a'r cof amdani hi a'i dawn arbennig fel cyfansoddwraig yn dal yn fyw. I astudio cyfansoddi yr aeth Morfydd Llwyn Owen i'r Academi Frenhinol yn Llundain ac roedd ei chaneuon a'i chyfansoddiadau offerynnol wedi sicrhau enwogrwydd iddi. Byddai Morfydd Llwyn Owen yn pwysleisio yn gyson mai bod yn gyfansoddwr oedd yn bwysig iddi, nid bod yn fenyw oedd yn cyfansoddi – agwedd sy'n amlwg yn llythyrau Grace Williams hefyd.

Yn anffodus i Grace, doedd dim cyfle i gyfansoddi fel y dymunai hi ym Mhrifysgol Caerdydd pan gyrhaeddodd hi yno yn 1923. Dan arweiniad yr Athro David Evans, oedd yn enwog yn bennaf am arwain corau a beirniadu, roedd pwyslais yr adran ar dechneg. Yn ddiweddarach defnyddiodd Grace y gair 'deadly' i ddisgrifio'r cwrs gan ddweud ei bod yn teimlo ei bod yn garcharor yno. Ond roedd yn mwynhau'r bywyd cymdeithasol yn y Brifysgol yn fawr a hithau'n ferch ddeniadol a phoblogaidd. Er na lwyddodd yr Adran Gerddoriaeth yng Nghaerdydd i danio doniau cyfansoddi Grace, fe wnaeth rhywun yno o leiaf sylweddoli bod ganddi ddawn yn y cyfeiriad hwnnw. Anogodd yr Athro David Evans hi i ddilyn ôl troed Morfydd Llwyn Owen a mynd i Lundain i astudio ymhellach.

Yn 1926 cyrhaeddodd Grace y Coleg Cerdd Brenhinol a dod yn ddisgybl i'r cyfansoddwr Ralph Vaughan Williams, y gŵr yr oedd wedi ei weld yn Eisteddfod y Barri, wrth gwrs. Hwn oedd y prif goleg i astudio cyfansoddi ac roedd

Coleg Cerdd Brenhinol Llundain

myfyriwr arall, a ddaeth yn ffrind mawr iddi, yno yr un pryd:

> Roedd Benjamin Britten wedi mynd i'r Coleg yno yn 16 mlwydd oed ... o'dd e'n fyfyriwr lot ifancach na Grace, ond chi'n gwybod, o'n nhw'n ffrindie, a 'ma fe'n sgwennu ati unwaith ac yn dweud 'Oo, dwi'n *fed up* o weld enw Grace Williams yn y *Radio Times* drwy'r amser' – achos oedd hi fel petai'n cael lot o sylw yn gynnar. Wel, o'dd Grace Williams yn rhywun o'dd e'n gallu bod yn gysurus gyda hi ... mae 'na un llythyr lle mae hi'n dweud, 'Nawr shgwl, Benjamin, alla i fod yn gwbl onest 'da ti os byddi di gyda fi, wna i ddweud y gwir am dy weithie di os wnei di ddweud y gwir wrtha i.'
>
> Geraint Lewis

Felly erbyn hyn roedd Benjamin Britten yn cyflawni'r un rôl ag y gwnaeth Rhyda Jones i Grace. Nid Benjamin Britten oedd yr unig un a wnâi hynny iddi chwaith. Fe ddigwyddodd Grace gyrraedd Llundain mewn cyfnod pan oedd nifer o ferched a ddaeth yn amlwg yn y byd cerddorol yn astudio ar yr un pryd. O'r rheiny roedd Elizabeth Maconchy yn un o ffrindiau pennaf Grace a byddai'r ddwy yn gwrando ac yn rhoi sylwadau ar waith ei gilydd.

Llwyddodd Grace i ennill yr ail wobr yng nghystadleuaeth bwysig Cerddoriaeth Siambr Cobbett yn 1928 yn y Coleg ac yna yn 1930 enillodd ysgoloriaeth i fynd i deithio. Penderfynodd ei bod am fynd i Fiena i gael gwersi gan Egon Wellesz. Roedd arddull Wellesz wrth ddysgu yn hollol wahanol i Vaughan Williams – byddai'n rhoi cyfarwyddyd manwl ar bob elfen o'r gwaith ac yn esbonio'n glir beth oedd ddim yn cyrraedd y safon ddisgwyliedig.

Erbyn 1931 roedd addysg ffurfiol Grace ar ben ac roedd hi'n bryd iddi chwilio am waith yn y byd 'go iawn'. Roedd wedi bod yn dysgu rhywfaint yn ystod ei chwrs yn y Coleg Cerdd Brenhinol, felly ar 1 Ionawr 1932 cychwynnodd ar ei dyletswyddau fel darlithydd achlysurol yng Ngholeg Hyfforddi Southlands yn Llundain. Erbyn mis Medi roedd hi'n athrawes gerddoriaeth yn Ysgol Ferched Camden yng Ngogledd Llundain hefyd. Nid oedd yr un o'r ddwy swydd yn rhai llawn amser ond roedden nhw'n ddigon i'w chynnal a'i chadw yn Llundain yng nghanol y bwrlwm cerddorol.

Mae'n debyg bod Grace yn athrawes arbennig o dda a'r disgyblion wedi cymryd ati ar unwaith. Byddai'n cynhyrchu operâu yn ysgol Camden a llwyddodd i addasu darnau megis gweithiau Gilbert a Sullivan a *Hansel and Gretel* i'r adnoddau oedd ar gael iddi yn yr ysgol. Byddai'r profiad yma o drefnu a chynhyrchu perfformiadau yn werthfawr iawn iddi ar hyd ei hoes.

Gan nad oedd y gwaith yn llawn amser roedd ganddi amser rhydd i gyfansoddi, ond nid mater hawdd oedd hynny i neb:

> Un darn o gyngor roddodd Vaughan Williams iddi: 'Os y'ch chi'n moyn bod yn gyfansoddwr fydd rhaid i chi ddatblygu cro'n fel reinoseros.' Ond sa i'n credu nath Grace Williams fyth cweit ddatblygu'r cro'n yna ... oedd 'na sensitifrwydd poenus iddi.
>
> Geraint Lewis

Ond er hynny, allai Grace ddim peidio â chyfansoddi, a thrwy hynny ddod yn agored i lach y beirniaid:

> Beirniaid oedd un o'r pethau gwaethaf. Oedd 'na lot o'r sgrifennu am gerddoriaeth yn blentynnaidd o dwp ac yn aml bydde beirniaid fel petaen nhw'n dweud 'Pwy yw'r ferch 'ma sy'n meddwl ei bod hi'n gallu cyfansoddi?' Ac wedyn ei ffeindio fe'n ddoniol dweud, 'Dyw'r

Ffion Hague yn chwarae un o ddarnau cerddorfaol Grace

gerddoriaeth ddim yn swno fel rhywbeth benywaidd o gwbl.'

Geraint Lewis

Fel y dywedwyd, cael ei hystyried yn gyfansoddwr oedd yn bwysig i Grace yn hytrach nag yn ferch oedd yn cyfansoddi. Ond weithiau mae'n ymddangos ei bod yn teimlo rhywfaint o rwystredigaeth:

> I've grown to believe that it's against nature for a woman to have talent for anything except what's set down in the last chapter of the Book of Proverbs.
> Grace Williams, mewn llythyr at Gerald Cockshott

I'r rhai nad ydynt mor loyw â hynny yn eu Beibl, falle y dylid dweud mai hon yw'r ddihareb sy'n cyfeirio at 'y wraig fedrus', sy'n gwneud popeth er mwyn ei gŵr a'i theulu.

Gweithiau cerddorol oedd prif gynnyrch Grace, gweithiau fel *Hen Walia* lle mae hi'n cysylltu nifer o hen alawon gwerin, a'r hwiangerdd 'Huna Blentyn' yn gwau trwyddynt. Trwy ddefnyddio alawon gwerin fel hyn roedd

Grace yn dangos dylanwad ei darlithydd, Vaughan Williams, ar ei gwaith. Chwedlau Cymreig a'i hysbrydolodd i gyfansoddi *Four Illustrations for the Legend of Rhiannon* lle mae'r pedwar symudiad yn darlunio rhannau gwahanol o chwedl Pwyll Pendefig Dyfed – y gwrthdaro rhwng Pwyll a Gwawl, y briodas, cosb Rhiannon, a Rhiannon yn cyfarfod Pryderi eto. Yma eto mae hen alawon Cymreig yn ganolog, alawon fel 'Hen Ddarbi' a 'Cainc Dafydd Broffwyd'.

Roedd Grace yn graddol sefydlu ei henw fel cyfansoddwraig pan dorrodd y rhyfel yn 1939 a newid popeth. Symudodd yr ysgol o Camden i Uppingham yn Rutland yn gyntaf, ac yna i Grantham a Stamford yn Swydd Lincoln, a dilynodd Grace hi i'r ardaloedd hynny. Ychydig iawn o berfformio oedd ar weithiau cerddorol, ond fe ddaliodd hi ati i gyfansoddi. Un o'r darnau o'i gwaith a gafodd fwyaf o sylw oedd *Fantasia on Welsh Nursery Tunes* a orffennodd yn 1940 ac a berfformiwyd am y tro cyntaf ar y radio yn 1941. Hyd heddiw, dyma'r darn a gysylltir yn fwy na'r un arall ag enw Grace. Yn fuan roedd yn cael ei glywed trwy'r wlad ac fe wnaed recordiad ohono gan gwmni Decca, y darn cyntaf i gerddorfa gan Gymraes i gael ei recordio erioed.

Defnyddiodd Grace wyth hwiangerdd yn y gwaith, 'Jim Cro', 'Deryn y Bwn', 'Migldi Magldi', 'Si Hei Lwli 'Mabi', 'Gee Ceffyl Bach', 'Cysga Di fy Mhlentyn Tlws', 'Yr Eneth Ffein Ddu' a 'Cadi Ha!'. Roedd hyn eto yn dangos dylanwad Vaughan Williams gan iddo yntau gyfansoddi ffantasias ar alawon traddodiadol. Roedd Grace yn honni ei bod wedi ysgrifennu'r darn mewn noson ond nid yw mor hawdd ei chwarae:

... it's deceptively difficult, it's pristine in its textures, so there's nowhere to hide. She throws in these little tongue-twisters, rhythmic tongue-twisters, so you have to keep on your toes. It's tantalising but it's exhilarating stuff.

Grant Llewellyn, arweinydd

Ond er bod pawb yn ei chysylltu hi â'r darn hwn, yn ôl yr arbenigwyr nid yw'n nodweddiadol ohoni:

[Mae'n] ddarn cynnar, darn o fiwsig ysgafn bron, ond eto oedd e'n rhyfeddod i ni fel plant bod 'na gyfansoddwr yn ysgrifennu i gerddorfa lawn ddarn sy'n seiliedig ar hwiangerddi Cymreig.

Huw Tregelles Williams, cerddor ac organydd

Byddai Grace yn treulio ei gwyliau haf gyda'i rhieni yn y Barri – cyfle arall i ddychwelyd at y môr, ac mae ei hadnabyddiaeth ohono yn amlwg yn ei *Sea Sketches*, a gyflwynodd i'w rhieni fel hyn: 'To my parents who had the good sense to set up home on the coast of Glamorgan.' Ynddo mae'n cyfleu gwahanol agweddau ar y môr o ddyddiau stormus a niwlog i'r dyddiau tawel hafaidd:

Dwi'n meddwl bod hwnna ymhlith y darnau mwyaf celfydd sydd gan unrhyw gyfansoddwr Cymreig, a dweud y gwir. Y gallu yma i gerddorfa linynnol greu naws a chreu darlun o unigrwydd rhyfeddol ... noson oer, noson niwlog dros y Sianel ac efallai fod hwnna yn adlewyrchu rhyw unigrwydd roedd hi ei hunan wedi ei deimlo gydol ei bywyd fel artist.

Huw Tregelles Williams

Yn ystod ei theithiau gyda'r ysgol, treuliodd fisoedd lawer yn Grantham ac yno roedd gwersyll i Bwyliaid oedd yn gweithio mewn ffatri gerllaw. Gofynnwyd i athrawon yr ysgol roi gwersi Saesneg iddyn nhw a dyna sut y cyfarfu

Grace â Zen Sliwinski. Daeth y ddau yn gariadon, ond mae'n ymddangos nad oedd gan Zen fawr o gydymdeimlad ag awydd Grace i gyfansoddi ac fe ddychwelodd i Wlad Pwyl heb Grace ar ôl y rhyfel.

Roedd y rhyfel wedi cael effaith ddifrifol ar Grace o ran ei hiechyd yn gyffredinol a'i hagwedd at gyfansoddi. Mewn llythyr at Dr Gerald Cockshott, un arall o ddisgyblion Vaughan Williams, ym mis Awst 1945 dywedodd:

> I have now succeeded in putting composing out of my mind for good and all. I recorded the *Song of Mary* and that was the final touch. It just wasn't possible to carry on any longer with two dynamic jobs. It's a grand feeling to be free of it …

Ac yna, mewn llythyr ddeufis yn ddiweddarach, fe nododd ei bod wedi penderfynu ei bod am adael dysgu ac, ar ben hynny, gadael Llundain hefyd:

> I don't want to stay in London – I just long to get home and live in comfort by the sea and have a well-paid full-time job which isn't teaching.

Roedd Cymru, y Barri a'r môr yn galw felly, ac ym mis Chwefror 1947, a'i hiechyd yn fregus, cyrhaeddodd yn ôl i'w chartref ar Old Village Road lle bu'n byw wedyn hyd ddiwedd ei hoes. Roedd hon yn dipyn o fenter gan ei bod wedi ymbellhau oddi wrth y ffynonellau

Clawr llawysgrif Sea Sketches

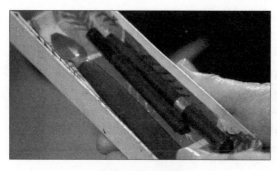

Taclau cyfansoddi Grace

ariannol arferol i gyfansoddwyr. Ond roedd Cymru yn lle gwahanol iawn yn 1947 o'i gymharu ag 1926 pan adawodd Grace am Lundain. Roedd rhanbarth o'r BBC ar gyfer Cymru wedi ei sefydlu, gyda'i adran gerdd a'i gerddorfa ei hun; roedd Opera Cenedlaethol Cymru wedi ei sefydlu ac roedd Swyddfa Cymru Cyngor y Celfyddydau ar waith. Yn fuan iawn byddai'r Coleg Cerdd a Drama yn agor hefyd. Bu'r cyfan yn fodd i Grace gael gwaith. Ar y dechrau roedd yn ysgrifennu sgriptiau i ddarllediadau radio ar gyfer ysgolion a cherddoriaeth achlysurol i'r BBC ac i gwmnïau ffilm yn Llundain. Ar wahân i'r 'mân swyddi' hynny roedd yn dal i ystyried ei bod wedi ymddeol o gyfansoddi ond yna yn 1948, 'through sheer frustration and bad weather, and an excess of family' fel y dywedodd Grace wrth Gerald Cockshott mewn llythyr, trodd yn ôl at gyfansoddi o ddifri.

Yn ei chartref yn y Barri roedd ganddi ystafell fawr yng nghefn y tŷ:

> She had this beautiful room in the top of the back of the house and there was the sound of her composing at the piano and quite often singing or sometimes playing the violin to try things out, and as a child I never thought this was unusual, this was my aunt and this is what she did.
>
> Eryl Freestone, nith Grace

Roedd hud arbennig i'r ystafell bwysig honno i blentyn:

> She used to keep all the implements for composing in
> her piano stool and it was a treasure trove to me, and I
> used to be fascinated when she showed me what was in
> it, because she would open up the piano stool and there
> was this little box and various other things, Indian inks
> and various nibs that she would use and it was just the
> ritual of the composing. And she had this special plastic
> cloth which she put across the table and then all the ink
> and the blotters and so on, but of course, once she was
> actually composing or writing we really couldn't be in
> the room because she needed to concentrate a hundred
> per cent.
>
> Eryl Freestone

Ond doedd bywyd fel cyfansoddwraig yn y Barri ddim yn
hawdd ac erbyn haf 1949 roedd yn ystyried dychwelyd i
Lundain i chwilio am waith llawn amser a fyddai'n golygu
rhoi stop ar y cyfansoddi am byth. Ni ddigwyddodd hynny,
a dal ati i gyfansoddi a gwneud y mân swyddi a gâi o
wahanol ffynonellau a wnaeth hyd fis Ionawr 1950 pan
dderbyniodd swydd ran-amser yn dysgu yn y Coleg Cerdd
a Drama. Erbyn 1954 bu'n rhaid iddi droi at y gwaith diflas
o gopïo cerddoriaeth cerddorion eraill i ennill ychydig
mwy o arian. Oherwydd ei phrysurdeb cyffredinol roedd
Grace yn ei chael hi'n anodd iawn cyfansoddi ac mewn
llythyr at Elizabeth Maconchy mae'n esbonio ei sefyllfa:

> I'd struck a barren patch – had got so used to doing
> 'jobs' that when I found I was free to write what I liked,
> I felt lost without the props and ideas the 'jobs' had
> provided. It was awful ...

Yn ogystal â'r rhwystredigaeth o fethu canolbwyntio ar ei gwaith cyfansoddi roedd Grace hefyd yn feirniadol iawn o'i gwaith ei hun a byddai'n taflu llawer o'i chyfansoddiadau yn hytrach na'u cadw i weithio arnyn nhw wedyn. Mae ei nodyn yn ei dyddiadur ar 10 Mai 1951 yn nodweddiadol ohoni:

DAY OF DESTRUCTION Examined all my music manuscripts and destroyed nearly all which I considered not worth performing.

Dyma'r cyfnod pan gafodd Grace gynnig eithaf arbennig gan Benjamin Britten:

Roedd Britten erbyn nawr yn seren fyd-eang ac fe welodd e fod cymaint o waith 'dag e, na fydde fe ddim yn gallu ymdopi heb rywun i fod yn *amanuensis* neu *assistant* iddo fe, a'r person cyntaf feddyliodd e am y swydd oedd Grace Williams – ond fe wrthododd hi drwy ddweud, os fydden i'n gwneud hynny fydden i byth yn gyfansoddwr eto. Ond mae'n ddiddorol meddwl bod crefft Grace, hynny yw, bod popeth oedd hi wedi bod yn gweithio ato fe yn rhywbeth yr oedd Britten yn ei edmygu gymaint y bydde fe'n barod i ymddiried ynddi.

Geraint Lewis

Yn ôl un awdur roedd 1955 yn drobwynt pwysig yn hanes Grace, ac mae'n mynd mor bell â dweud fel hyn:

If she were judged only on the music she had written by 1955, when she was almost 50 years old, Grace Williams would seem today a very minor composer indeed; any claim to regard her as one of Wales's finest composers must rest principally on the music she wrote during the remaining twenty years of her life.

Malcolm Boyd yn *Grace Williams*

Mae'n cyfeirio at hunanhyder newydd a mwy o ymdeimlad o hunaniaeth yng ngwaith Grace. Dyma'r cyfnod pan ddaeth i sylw'r BBC yng Nghaerdydd ac y daeth Arwel Hughes i'w hedmygu. Roedd Arwel Hughes ar y pryd yn un o gynhyrchwyr BBC Cymru:

Roedd fy nhad yn ffond iawn o Grace Williams; oedd 'na rywbeth sbeshial hefo Grace. Ar y pryd roedd pobl yn siarad am y ffaith bod hi'n galed iawn. Dwi'n cofio hi pan o'n i'n ifanc mewn *rehearsal* yn codi fyny yn gyflym ac isie cael pethe'n iawn y tro cynta.

Owain Arwel Hughes

Mae atgofion Huw Tregelles Williams amdani yn cyd-fynd â'r argraff hon:

O'dd hi'n awyddus i gael y gore, o'ch chi'n teimlo'n syth, y cynnyrch gore allan o'r sesiynau yna, ac o'dd hi'n ddiddorol iawn – nid dim ond cywirdeb, pethe fel tonyddiaeth a thraw a phethe felly oedd yn ei phoeni hi, ond hefyd mynegiant.

Huw Tregelles Williams

Dyma'r cyfnod pan ddechreuodd Grace dderbyn mwy a mwy o gomisiynau, ac mae'n sicr bod hynny wedi rhoi hwb mawr i'w hyder gan iddi sôn am un comisiwn yr oedd wedi ei dderbyn cyn y rhyfel, fel hyn:

You know, it was a marvellous sensation, simply being asked to write something; someone wanting your music.

Mae'n arferiad rhannu gweithiau Grace yn ystod y cyfnod hwn yn dri: y gerddoriaeth gerddorfaol, y caneuon unigol gan gynnwys opera, ac yna ei gweithiau i gorau. Fe rown sylw i un enghraifft o'r tri maes yma.

Yn 1955 y derbyniodd Grace gomisiwn i ysgrifennu gwaith ar gyfer Cerddorfa Genedlaethol Ieuenctid Cymru. Ffrwyth y gwaith hwnnw oedd *Penillion* sy'n deillio o'r traddodiad Cymreig o 'ganu penillion' neu gerdd dant fel y byddwn yn ei alw heddiw. Llwyddodd Grace i gyfeirio at y traddodiad canu penillion yn y gwaith yma i gerddorfa trwy gadw at batrwm o benillion ag elfen o gyfalaw i'r brif alaw yn y gwaith. Rhaid oedd i'r delyn gael rhan amlwg, wrth gwrs, ond mae'r alaw yn cael ei symud o un offeryn i'r llall hefyd. Er na ddefnyddiodd Grace unrhyw hen alawon Cymreig yn y darn yma, yn ôl y beirniaid mae'n 'Gymreig' iawn:

> ... but the music as a whole has a distinctly Welsh flavour which is rarely to be found in Grace Williams's earlier works, even in those that use actual folksongs. This has a great deal to do with the way the musical rhythms echo the stresses of the Welsh language. For example, the accent on the penultimate syllable of polysyllabic words, a feature of the language, is paralleled in the music by phrases which end with an accented short note followed by an unaccented long one.
>
> Malcolm Boyd, *Grace Williams*

Bu'n rhaid i Grace aros hyd 1966 cyn cael comisiwn i gyfansoddi opera. Roedd opera yn gyfrwng yr oedd hi wedi ymddiddori'n fawr ynddo ar hyd ei hoes ac yn ystod ei chyfnod yn Ysgol Camden roedd wedi cael profiad o gynhyrchu operâu ei hun. Penderfynodd lunio'r opera ar sail stori fer gan Guy de Maupassant, 'En Famille'. Roedd addasu'r stori honno a'i gosod mewn 'parlwr' mewn tref lan môr Fictoraidd yn ei hun yn gamp. Camp wedyn oedd gweld posibiliadau comig yr holl sefyllfa a nain y teulu yn 'marw' a phawb yn mynd ati i symud ei dodrefn cyn i'r chwaer/chwaer yng nghyfraith ddod yno i'w hawlio. Y cymhlethdod, wrth gwrs, yw nad yw'r nain wedi marw o gwbl:

> Wel oedd hiwmor falle ddim yn rhywbeth oedd bob amser yn flaenllaw pan oeddech chi'n cyfarfod Grace, ond fe ddangosodd hi yn yr opera 'na ei bod hi'n deall sut oedd pobl a sefyllfaoedd dramatig yn gweithio.
>
> Huw Tregelles Williams

Roedd llwyddiant Grace yn y maes hwn yn rhywfaint o syndod i feirniaid a chynulleidfaoedd y cyfnod:

> It came as something of a revelation to critics and audiences alike that a composer who had spent so long in an operatic backwater, and who had never before attempted an opera herself, should write for the stage with such flair.
>
> Malcolm Boyd, *Grace Williams*

Unwaith eto roedd Grace yn torri tir newydd gan mai dyma'r opera gyntaf, a'r unig un hyd heddiw, gan Gymraes, a hynny er bod y BBC yn awyddus iddi gyfansoddi opera arall, lawn:

> Ond fe fethon nhw yn y diwedd â chyrraedd cytundeb ar beth oedd y testun ac roedd e'n nodweddiadol o Grace hefyd bod hi'n hollol benderfynol ynglŷn â'i syniadau a fydde hi ddim yn mynd am bwnc oedd hi ddim yn teimlo o'dd yn gweddu iddi.
>
> Huw Tregelles Williams

Grace Williams

Wrth droi at ganu corawl, y gwaith mwyaf adnabyddus o'i heiddo yn ôl y beirniaid erbyn hyn yw'r offeren gân *Missa Cambrensis*. Fe'i cyfansoddwyd ar gyfer Gŵyl Llandaf yn 1971. Cymerodd dros ddwy flynedd i'w chyfansoddi ac mae'n dangos y dylanwad a gafodd Benjamin Britten ar ei gwaith gan fod arlliw o *War Requiem* Britten i'w weld ynddi. Roedd yn ddarn uchelgeisiol iawn a bu'n ormod i Gymdeithas Gorawl Llandaf:

O'dd e'n berfformiad shambolig, ac o'ch chi'n teimlo drosti hi eto – hynny yw, bod hyd yn oed cyfansoddwr oedd yn dod, fel petai, i ddiwedd ei gyrfa ddim yn gallu eistedd a mwynhau perfformiad o'r gwaith mawr yma oedd yn byw lan i'r safonau oedd hi'n ddisgwyl.

Geraint Lewis

Ac fe wnaeth Grace ymateb i hynny yn naturiol, a hithau ag elfen mor hunanfeirniadol yn ei chymeriad yn barod:

O'dd Grace yn ypset ofnadwy, llefen ar y ffor' adre am orie, achos o'dd y perfformiad mor ofnadwy; ac felly, oherwydd hynny oedd hi ddim isie neb i berfformio'r gwaith eto achos o'dd hi'n meddwl bod y gwaith ddim yn ddigon da. Dwi wedi gweld y gwaith, dwi wedi dechrau astudio'r gwaith – mae e'n dda, mae e'n wych. Mae'n anodd, ond pam lai?

Owain Arwel Hughes

Erbyn y perfformiad trychinebus yn Llandaf roedd Grace yn 65 oed ac fe benderfynodd nad oedd am dderbyn yr un comisiwn ar ôl hynny. Er na chadwodd hi'n ddeddfol at yr addewid ym mhob ffordd fe wrthododd gomisiynau cerddorfaol ac roedd hynny'n rhannol am ei bod yn awyddus i gerddorion iau gael yr un gefnogaeth ag a gafodd hi. Canolbwyntio ar adolygu ei chyfansoddiadau cynharach a chyfansoddi caneuon a wnaeth Grace yn y cyfnod hwn, ac mae'n nodweddiadol ohoni mai dwy gân am y môr oedd y gweithiau olaf a gyfansoddodd. Perfformiwyd y ddwy gân am y tro cyntaf yn Eglwys Penarth yn ystod mis Chwefror 1976, a Grace newydd ddathlu ei phen-blwydd yn 70 oed. Cyn pen tri mis roedd cancr wedi cael gafael arni ac er gwaethaf pob triniaeth daeth yn amlwg nad oedd gwella i fod. Yn ystod ei gwaeledd olaf roedd degau o lythyrau'n cyrraedd y tŷ a'i chwaer, Marian, oedd yn gofalu amdani, yn eu darllen iddi. Roedden nhw'n canmol Grace i'r cymylau wrth gwrs ac fe ddywedodd wrth ei chwaer:

> Marian, you must stop, I just can't take all this praise. It's too much, I wasn't all that marvellous.

Roedd wedi cadw at yr egwyddor o wrthod anrhydeddau gydol ei hoes, gan wrthod yr OBE a Phensiwn Brenhinol. Roedd ffrindiau yn bwysicach iddi.

Wrth gloriannu ei chyfraniad fel hyn y dywed Geraint Lewis:

> Roedd hi'n gyfansoddwr oedd yn gwybod beth oedd hi eisiau ei wneud, a dyna'r esiampl i ni i gyd, wi'n credu, wedi bod – nid o ran ei chopïo hi neu ei hefelychu hi. Mae'n fwy na hynny a hi yw y cyntaf o gyfansoddwyr clasurol Cymru.

Ac yna Huw Tregelles Williams:

> Dwi'n meddwl ei bod hi wedi cyfrannu'n helaeth iawn at ddatblygiad cerddorfeydd yng Nghymru, ac fel person dwi'n meddwl oedd 'na ryw gyfanrwydd a didwylledd arbennig. Roedd hi'n credu'n gryf yn beth oedd hi'n gwneud ac yn hynna o beth roedd hi'n ddynes nobl iawn.

Mewn llythyr ffarwél at ei ffrind agos Elizabeth Maconchy, a ysgrifennodd ym mis Ionawr 1977, ychydig dros wythnos cyn ei marwolaeth, ysgrifennodd Grace:

> Well, all along I've known this could happen and now it has I'm quite calm and prepared and can only count my blessings ... From now on it won't be so good but even so there are sunsets and the sea ...

Pennod 9

Laura Ashley 1925–1985

Prin bod unrhyw faes ym myd busnes yn fwy cystadleuol ac anwadal na'r byd ffasiwn. Wedi chwyldro'r sgert fini a'r cyfnod pan oedd cuddio cyn lleied â phosibl yn ffasiynol yn y chwe degau cynnar, daeth tro ar fyd pan ddisgynnodd yr hemiau i lawr at y traed eto a'r *maxi* yn dod i fri. Yr un cwmni wnaeth lwyddo orau i daro ar y steil iawn yn y cyfnod hwnnw oedd cwmni â'i wreiddiau'n ddwfn yng Nghymru, cwmni Laura Ashley, ac roedd dylanwad cysylltiadau Cymreig Laura yn allweddol i dwf a llwyddiant y cwmni.

Er mai yn Camden Road ger Holloway yn Llundain yr oedd rhieni Laura Mountney yn byw, nid yn Llundain y cafodd ei geni. Daeth ei mam yn ôl at ei gwreiddiau yn Nowlais i eni Laura, felly yng nghartref Enoch a Maggie Davies, ei thaid a'i nain, y'i ganed. Plismon oedd ei thaid, ac roedd ei nain yn ffitio'r ddelfryd o'r fam Gymreig i'r dim, yn weithgar, yn ddarbodus, yn coginio'n rhagorol, yn grefftus yn y tŷ ac yn grefyddol iawn.

Byddai Laura a'i chwaer, Mary, yn ddiweddarach yn cael eu rhoi ar y trên yn Paddington yng ngofal y giard a'u hanfon i Gymru i dreulio eu gwyliau. Deuai criw o bobl i

Y plac ar gartref Laura Ashley

groesawu'r ddwy fel arfer a byddai Laura wrth ei bodd yn ffoi i sefydlogrwydd bywyd yn Nowlais, a oedd a naws Fictoraidd iddo. Roedd Station Terrace, Dowlais, yn llawn o deulu Laura gan fod nifer o chwiorydd ei nain yn byw yno hefyd.

Gyda'u nain a'r hen fodrybedd y byddai'r ddwy chwaer yn treulio eu dyddiau gan sylwi ar eu diwydrwydd mawr. Roedd yn rhaid cludo'r dŵr drwy'r tŷ mewn crochan i'w ferwi ar y tân drwy'r dydd a llenwid y dyddiau â phrysurdeb glanhau, golchi a thynnu llwch. Hyd yn oed pan fyddai'r menywod yma yn eistedd roedden nhw'n brysur yn trwsio dillad, yn gwnïo clytwaith neu'n gwneud matiau. Fydden nhw byth yn crwydro ymhell, ond drwy wneud popeth hyd orau eu gallu a gofalu am eu teulu, roedden nhw'n hapus iawn.

Roedd crefydd yn elfen allweddol arall o fywyd y teulu Davies yn Nowlais. Roedden nhw'n Fedyddwyr pybyr, yn aelodau o gapel Hebron ac yn mynd i'r gwasanaethau dair gwaith y Sul. Er bod y gwasanaethau i gyd yn uniaith Gymraeg ac nad oedd Laura yn deall fawr iawn arnyn nhw, fyddai hi bydd yn gwrthryfela yn erbyn y drefn. Yn ystod yr wythnos hefyd byddai'r gweinidog yn galw bob dydd Llun a byddai'n rhaid mynd i'r Band of Hope ar nos Iau. Byddai un o'i hewythrod yn rhoi gwersi ar y Beibl i'r ddwy chwaer gan eu cyfeirio at lun oedd ar wal y tŷ, *The Straight and Narrow Way*, oedd yn darlunio'r hyn fyddai'n digwydd i'r rhai nad oedden nhw'n cadw at y llwybr. Fe wnaeth y llun hwnnw a rhybuddion ei hewythr am demtasiynau'r diafol argraff ddofn iawn ar Laura. Ond nid dylanwad ar ei hegwyddorion a'i ffordd o fyw yn unig a gafodd crefydd yr ardal:

> She used to love Sunday Best and uniform ... they were almost dressed in the Edwardian type of clothes ... that had such an impression on her that you can trace it in the designs.
>
> Jane Ashley, merch Laura

Elfen arall o fywyd Dowlais oedd yn rhoi pleser mawr i Laura oedd y rhyddid i fynd i gerdded hyd unigeddau Bannau Brycheiniog a'r Mynydd Du, a bu mynd am dro i gael cyfle i feddwl a chael trefn ar ei bywyd yn arferiad ganddi ar hyd ei hoes.

Mae Jane, merch Laura yn cydnabod dylanwad Dowlais arni:

> I think it influenced her totally ... because in that time and place a lot of domestic activity was economic for the females, they were dress-makers, they made quilts, not just for family consumption but to make money because people didn't work then so she must have, apparently, picked up lots of terrific household skills.

Er mor ddelfrydol oedd y gwyliau yn Nowlais roedd realiti bywyd Laura yn wahanol iawn yn Llundain. Roedd hi'n un o bedwar o blant a byddai holl fwrlwm ei chartref yn ei llethu. Roedden nhw'n byw yn Beddington Park yn ne Llundain erbyn hyn a brawd ei thad, Ivor, a'i wraig, Elsie, yn byw yn agos atyn nhw. Dechreuodd Laura droi fwyfwy at Elsie – roedd ganddi ystafell wely iddi ei hun yn ei chartref. Elsie a arweiniodd Laura i fyd llyfrau a châi lonydd yno i ddarllen am oriau. Roedd Elsie hefyd yn fedrus iawn wrth wnïo gan droi ei llaw at waith manwl, cywrain. Datblygodd hoffter Laura o arddio hefyd yn sgil Ivor ac Elsie. Roedd hi yno mor aml, a hwythau mor hoff ohoni, fel eu bod wedi gofyn am gael ei mabwysiadu, ond fe wrthododd ei mam hynny yn bendant.

Nid oedd Laura yn hoff o'r ysgol o gwbl ond yn 1937 bu'n rhaid i'r teulu symud i ofalu am ei thaid – tad ei thad – i West Croydon. O ganlyniad i hynny bu'n rhaid iddi newid ysgol, ond erbyn 1938 roedd y fam a'r plant wedi ffoi i Ddowlais i osgoi'r ymosodiadau o'r awyr fyddai'n siŵr o ddod wrth i gymylau'r Ail Ryfel Byd drymhau. Doedd bywyd yn Nowlais ddim mor berffaith erbyn hyn a'r tŷ yn llawn o gymaint â deg o bobl oedd wedi ffoi yno rhag y rhyfel. Anfonwyd Laura i'r ysgol yn Aberdâr i ddilyn cwrs ysgrifenyddol ond yn fuan iawn roedd ar ei ffordd yn ôl i Lundain i gadw tŷ i'w thad, a dilyn cwrs ysgrifenyddol yno. Roedd hi wrth ei bodd yn cadw tŷ, ac er nad oedd hynny'n hawdd yn ystod cyfnod y rhyfel, roedd ganddi'r ddawn i wneud y gorau o'r gwaethaf.

Wedi iddi gael ei phenodi i swyddi ysgrifenyddol, yn 1943 cyhoeddodd Laura ei bod yn ymuno â'r WRNS neu'r Wrens fel y bydden nhw'n cael eu galw – ond yn ystod y flwyddyn honno hefyd roedd hi wedi dod ar draws dyn

Laura a Bernard Ashley

ifanc tâl, golygus, bywiog, llawn syniadau oedd yn ysu am gael ffoi o syrffed swbwrbia, sef Bernard Ashley. Roedd y ddau mor wahanol fel nad oedd eu ffrindiau yn meddwl y byddai'r berthynas yn gweithio fyth, ond fe ddywedodd Laura yn ddiweddarach:

> The minute I set eyes on him I knew that this was the man I wanted to spend the rest of my life with.

Roedd eu cyfarfyddiad yn nodweddiadol o'u perthynas:

> They met at a dance, a youth club dance at Wallington, and in a sense their whole relationship was formed on that first occasion because Bernard cut in, she was dancing with somebody else, so that's absolutely typical of Bernard. If he wanted something he was going to get it and it didn't matter how he got it. Laura knew how to make him jealous so she pretended that she had other boyfriends and that was a strategy – she knew what she wanted and she set about getting it.
>
> Anne Sebba, cofiannydd Laura

Digwyddodd eu carwriaeth ar gyfnod anodd, a'r ddau â'u bryd ar fynd i'r lluoedd arfog. Anfonwyd Bernard i India i ymladd gyda'r Gurkhas ac yna ym mis Mawrth 1944 cychwynnodd Laura ar ei hyfforddiant gyda'r Wrens, hyfforddiant mewn anfon negeseuon. Yn fuan iawn roedd ar ei ffordd i helpu'r paratoadau at D-Day, ac wedyn anfonwyd hi i Baris ac ymlaen i Frwsel a set o ddillad penodol gyda hi: côt ddyffl, trowsus morwr llydan a chrys a siwmper las tywyll, y *capsule wardrobe* fel y byddai Laura yn ei hargymell yn ddiweddarach.

Ym mis Awst 1946 rhyddhawyd Laura o'r Llynges ond roedd Bernard yn dal yn y Dwyrain Pell hyd 1947. Unwaith

Rhai o'r printiau cynnar

y cafodd ei ryddhau cawsant fod gyda'i gilydd eto, a chyn bo hir roedd y ddau mewn swyddi yn y Ddinas yn Llundain. Erbyn mis Chwefror 1949 roedden nhw'n briod. Roedd yn rhaid iddyn nhw fyw yn gynnil iawn yn ystod y blynyddoedd cynnar gan rentu eiddo yma ac acw cyn cyrraedd St George's Square, Pimlico, a hynny ym mhen uchaf y tŷ ac angen dringo 99 gris i gyrraedd yno.

Roedd Laura yn benderfynol o fod yn wraig dda, yn *husband-keeper* fel y byddai Bernard yn dweud, ac felly newidiodd ei swydd fel ei bod yn gallu gadael y tŷ ar ôl Bernard a chyrraedd yn ôl mewn pryd i wneud ei swper iddo. Dyna pam y cymerodd hi swydd ysgrifenyddes i adran gwaith llaw Sefydliad y Merched. Er na fu yn y swydd yn hir, arhosodd Sefydliad y Merched yn agos iawn at ei chalon a bu eu harddangosfa yn 1952 o grefftau traddodiadol yn Amgueddfa Fictoria ac Albert yn ysbrydoliaeth iddi. Pan welodd hi'r clytwaith yn cael ei arddangos yno, penderfynodd ei bod hithau am fentro arni, ond pan aeth i chwilio am ddefnydd addas yn y siopau doedd dim o'r fath beth ar gael.

Erbyn 1953 roedd Laura yn feichiog ac yn awyddus iawn i wnïo gan ei bod wedi cael gorchymyn i orffwys cymaint ag y gallai, a dechreuodd feddwl o ddifri am argraffu ei defnyddiau ei hun er mwyn gwneud y clytwaith. Roedd Laura yn un dda am gasglu gwybodaeth ac aeth ati i ymchwilio i'r pwnc. Sylweddolodd yn fuan mai'r allwedd oedd cael peiriant sgrin sidan. Wrth lwc roedd Bernard yn dipyn o beiriannydd, ac yn mwynhau tynnu peiriannau oddi wrth ei gilydd a'u hailadeiladu. Cipiodd Bernard y llyfr oddi ar Laura a chyn pen y mis roedd wedi adeiladu eu peiriant argraffu cyntaf. Bwrdd y gegin oedd y sylfaen, ac roedd yr ystafell fwyta yn llawn o bob math o wifrau yn barod i sychu'r deunyddiau, a silff i'w rhoi yn y popty. Roedd y ddau yn dal i weithio bob dydd, wrth gwrs, ac yn cynllunio a gosod yr offer i gyd fin nos – a thrwy'r nos yn aml iawn – ond roedd eu brwdfrydedd yn ddi-ben-draw.

Penderfynodd y ddau fod angen gwyliau arnyn nhw cyn i'r babi gyrraedd ac aethant i'r Eidal. Roedd y ffilm *Roman Holiday* yn boblogaidd iawn yn y cyfnod yma, ac ar ôl cyrraedd yr Eidal fe welodd Laura fod y menywod yno yn gwisgo sgarffiau byr am eu gyddfau fel yr oedd Audrey Hepburn yn y ffilm. Daeth Laura a Bernard â rhai o'r sgarffiau adref gyda nhw. Gan fod maint y bwrdd yn cyfyngu ar faint o ddefnydd y gallen nhw ei argraffu, roedd sgarffiau a matiau bwrdd yn ddelfrydol ar gyfer y peiriant – ac er bod Laura wedi gobeithio am batrymau mân nid oedd y peiriant yn addas i hynny felly siapiau geometrig mawr aeth â hi mewn lliwiau cryf ac fel y dywedodd Laura flynyddoedd wedyn, 'They just happened to be what the market wanted at the time.'

Wythnos ar ôl iddyn nhw ddechrau cynhyrchu roedd Bernard wedi gwerthu chwech o fatiau bwrdd lliain i siop grefftau yn Ludgate Circus. Roedd yr archeb yn werth punt. Gwerthu i siop John Lewis oedd tasg Laura, er ei bod yn casáu'r syniad o werthu. Aeth i'r adran ddodrefn yn gyntaf i fagu plwc i fynd i'r adran ddillad i werthu, ond fe sylwodd un o'r staff arni a gofyn oedd angen help arni. Pan welodd y gweithiwr y sgarffiau oedd gan Laura i'w gwerthu, roedd hi wedi gwirioni ac fe drefnodd iddi gael gweld y prynwr ar unwaith. Cymerodd y prynwr ddau ddwsin o'r sgarffiau heb i Laura orfod ei ddarbwyllo o gwbl. O fewn ychydig oriau roedd y sgarffiau wedi eu gwerthu ac fe archebodd y prynwr 72 arall. Roedd hynny yn gymaint ag y gallen nhw eu gwneud mewn un noson a bu Bernard, Laura a brawd Bernard wrthi drwy'r nos yn eu gorffen. Aeth Bernard â nhw i'r siop ar ei feic modur ac ymhen pedair awr ar hugain roedd archeb arall o'r un faint yn cyrraedd, a dyna'r busnes ar ei draed.

Pan gyrhaeddodd Jane, eu plentyn cyntaf, daeth Laura a hithau adref – i fyny'r 99 gris i fflat oedd yn debycach i uned ddiwydiannol, ond roedd yn ei natur i addasu a bodloni. Er hynny, sylweddolodd Bernard, a'r ail blentyn ar ei ffordd, y byddai'n rhaid cael mwy o le ac aeth ati i logi ac addasu seler fawr ar gyfer y gwaith. Gan fod Laura yn brysur yn magu'r plant symudodd y cwmni i gyfeiriad gwahanol dan oruchwyliaeth Bernard, tuag at greu defnyddiau ar gyfer dodrefn, ac wrth gwrs, gyda'i frwdfrydedd arferol llwyddodd i gael contractau mawr gyda chwmnïau fel P&O.

Ond wedyn tarodd Bernard ar syniad gwahanol, gan droi at hen luniau Fictoraidd a chynhyrchu llieiniau sychu llestri. Ymchwilio a dod o hyd i luniau oedd gwaith Laura a byddai wrth ei bodd yn crwydro trwy hen siopau llyfrau yn chwilio am batrymau a lluniau addas. Roedd hynny, eto, yn llwyddiant mawr, ond er gwaethaf yr holl lwyddiannau roedd Bernard a Laura yn gorfod byw yn gynnil iawn ac ailfuddsoddi popeth allen nhw yn y busnes.

Roedd symud allan o Lundain i fwthyn ar rent ar y ffin rhwng Caint a Surrey yn gam mawr i Laura, ond yn gam oedd wrth ei bodd. O'r diwedd roedd ganddi gyfle i fyw yn y ffordd yr oedd hi wedi gweld ei thaid a'i nain yn byw, allan yn y wlad mewn cymuned glos. Ond yn ôl Bernard:

> The cottage was as much a birthplace for Laura's philosophy on design and living as my Pimlico basement was for my ideas on machines. Although her childhood was largely spent walking over the mountains behind Merthyr Tydfil ... it was the ... hedgerows and small fields of rural Surrey that began to shape her ideas more fully.

Er bod ganddi ddau blentyn bach, yn godro geifr ben bore, yn weithgar iawn yn yr eglwys ac yn garddio, roedd Laura erbyn hyn yn rhoi llawer iawn o'i hamser i ochr weinyddol a dylunio'r busnes, a chan fod llieiniau sychu llestri yn un o'u prif gynhyrchion, penderfynodd Bernard y byddai enw merch yn edrych yn well arnyn nhw. Dyna pryd y defnyddiodd y cwmni yr enw 'Laura Ashley' am y tro cyntaf.

Pan symudodd Bernard brif weithdy'r cwmni yn nes at eu cartref, roedd yn rhaid cyflogi staff am y tro cyntaf, dau ifanc oedd newydd adael yr ysgol, a phenderfynwyd defnyddio pedair o fenywod oedd yn gweithio gartref i helpu gyda'r gwnïo. Roedd hwn yn gam pwysig ac yn cyd-fynd i'r dim ag athroniaeth Laura o sicrhau bod mamau yn gallu treulio eu hamser gyda'u plant ac ennill ychydig o incwm ar yr un pryd.

Ar hap a damwain, ac yn hollol nodweddiadol o'r cwmni, y dechreuwyd mentro i'r byd ffasiwn go iawn. Roedd ffedog arddio yr oedden nhw'n ei chynhyrchu yn boblogaidd iawn ac arweiniodd hynny at smoc arddio hollol syml nad oedd yn cymryd mwy na deng munud i'w gwnïo. Yr hyn oedd yn plesio natur gynnil Laura fwyaf oedd ei bod yn gallu defnyddio'r darn oedd yn cael ei dorri ar gyfer y gwddw i wneud menig popty. Arweiniodd y

Lleoliad siop gyntaf Laura Ashley ym Machynlleth

smoc at ffrog syml heb batrwm, heb lewys, at y pen-glin ac un maint i bawb. Wedyn dechreuwyd cynhyrchu blowsys gyda'r patrymau Fictoraidd o flodau mân oedd yn cael eu defnyddio ar y llieiniau sychu llestri.

Er gwaethaf llwyddiant mawr y cwmni, doedd pethau ddim yn hawdd. Roedd ganddynt dri o blant mân erbyn hyn, roedd arian yn dal yn brin a Bernard yn gorfod teithio llawer i werthu'r cynnyrch. Teimlai Bernard rwystredigaeth fawr – roedd yn awyddus iawn i fuddsoddi mwy yn y cwmni ond nid oedd yr un banc am roi benthyciad iddo. Yr un oedd y stori pan oedd yn ceisio prynu tŷ – gan fod y ddau yn hunangyflogedig doedden nhw ddim yn plesio'r banciau. Roedd y sefyllfa hon yn creu tensiynau yn y cartref hefyd, ac fe wnaeth Laura benderfyniad mawr. Paciodd ei heiddo a'i phlant i'r car a'i chychwyn hi am Gymru heb drafod dim â Bernard.

Yn haf 1961 cyrhaeddodd Laura a'i thri phlentyn lannau afon Mawddach a gosod dwy babell yno. Ond ymhen tair wythnos, heb iddi ofyn iddo ddod, cyrhaeddodd Bernard atynt. Daeth Laura o hyd i dŷ ar werth ym Machynlleth,

Gwalia House, a phenderfynodd y teulu y bydden nhw'n ei brynu. Nid tŷ yn unig oedd hwn – roedd siop ar stryd fawr Machynlleth yn rhan ohono. O'r diwedd roedd Laura wedi cael ei dymuniad a chael ei siop ei hun i werthu cynnyrch y cwmni. Am nad oedd ganddi ddigon o stoc i lenwi'r siop i gyd dechreuodd werthu nwyddau lleol hefyd fel mêl, ffyn cerdded a nwyddau o frethyn. Roedd digon o le yng nghefn y siop i un wniadreg weithio a byddai'r gofod hwnnw'n cael ei ddefnyddio i greu dillad 'ar y pryd' ac i roi cynnig ar gynlluniau newydd. Roedd y menywod lleol a gâi waith yno wrth eu boddau:

> Ddechreues i weithio yn 1963 yn y siop. O'n i'n gwnïo yn y rŵm lle roedden nhw'n byw ... oedd y siop ar un ochor, a wedyn oedd y *kitchen* yn fach. Oedd o ddim yn dŷ mawr o gwbl, ond oedd o'n dŷ hapus. Oedden ni'n cael bwyd hefo nhw a phopeth, ac o'n i'n teimlo'n un ohonyn nhw o'r cychwyn.
>
> Rosina Corfield, cyn-weithwraig

Roedd Bernard yn dal i orfod teithio'r holl ffordd i dde ddwyrain Lloegr gan mai yno roedd y gweithdy, felly aethon nhw ati'n ddyfal i chwilio am rywle addas i'r cwmni yng Nghymru. Tynnwyd eu sylw at hen glwb cymdeithasol Tŷ Brith yng Ngharno ac aeth Bernard ati i addasu'r hen glwb yn weithdy newydd.

> Lle bach oedd Tŷ Brith, un stafell fawr lle oedd y printio a mashîns golchi a ffwrn, a wedyn stafell fach lle roedd y *machinists*, dim ond rhyw dair oedd 'na amser 'ny, a lle smwddio a rhyw offis fach, dyna i gyd oedd 'na.
>
> Jon Griffiths, cyn-weithiwr

Roedd holl athroniaeth y cwmni yn gweddu i'r dim i ardal

Tŷ Brith, Carno

wledig fel Carno ac roedd y ffaith bod Laura yn 'deall' Cymru yn gaffaeliad mawr. Prin oedd gwaith i wrageddd cefn gwlad ar y pryd, yn enwedig mamau ifanc, ond roedd Laura yn benderfynol o'r dechrau y byddai'n addasu ei phatrymau gwaith i'w staff.

> Oedden nhw ddim yn *strict* o gwbl. Os oeddech chi'n gweithio iddyn nhw oedden nhw'n hapus, ac oedden nhw'n gallu trystio chi. Oedden nhw'n olreit, yn doedden nhw, i weithio iddyn nhw.
>
> Morfydd Lewis, cyn-weithwraig

Tyfodd y cwmni yn gyflym o'r cnewyllyn bach hwnnw o staff ffyddlon, ac ymhen dwy flynedd roedd eu nifer wedi dyblu bron, gyda rheolwr, ysgrifenyddes, dau argraffydd, saith yn gweithio ar y peiriannau a phump yn gweithio o'u cartrefi. Roedd y teimlad y cyfeiriodd Rosina Corfield ato o fod yn 'un ohonyn nhw' neu'n rhan o ryw deulu mawr yn parhau, a Bernard a Laura yn ofalus iawn o'u staff. Fe fydden nhw'n talu iddyn nhw gael eu cinio yn y dafarn leol am nad oedd lle i ffreutur yn y ffatri, ac wrth gwrs, roedd y ddau yn gweithio cyn galeted â phawb arall.

O'n i'n eu gweld nhw bob dydd, 'chos fo oedd yn bildio'r mashîns cyntaf, printio os liciwch chi'n 'de. Fyse hi fwy yn yr offis ar y *design* a mi fydde hi'n gweld rhywbeth yn rhywle, rhyw lyfr, neu oedd hi'n mynd rownd y *libraries* ac mi fyse'n gweld rhywbeth ac mi fydde jest yn dweud: 'Reit, dwi isio'r print yna.'

Jon Griffiths

Ar y pryd roedd y cwmni yn dal i ganolbwyntio ar y llieiniau sychu llestri, y ffedogau a'r smocs, ond un diwrnod daeth dwy wraig â hen *ballgown* i'w dangos i Laura ym Machynlleth a phenderfynodd ei harddangos yn ffenest y siop. Roedd hi'n ei gweld hi'n unig yno ac felly gwnaeth ffrogiau llaes eraill i gyd-fynd â hi. Roedd mynd mawr ar y rhain ar unwaith, ac fe welodd Laura yn union beth oedd y farchnad yn chwilio amdano. O ystyried bod hyn yn digwydd yng nghanol y chwe degau mae'n anodd cysoni'r syniad arferol o sgertiau mini byr, byr, a'r rhyddid newydd yr oedd menywod yn ei fwynhau â'r ffrogiau yma oedd yn cyfeirio yn ôl at gyfnod parchus, moesgar a fu. Ond fel arfer, yn ddiarwybod bron, roedd Laura wedi taro ar elfen arall oedd yn nodweddu'r chwe degau – yr elfen o edrych yn ôl yn atgofus, o hiraethu am y gorffennol.

Wrth i'r busnes ehangu roedd y daith ddyddiol o Fachynlleth i Garno ar hyd ffyrdd troellog y Canolbarth yn mynd yn fwy o faich ar Bernard a Laura ac felly, yn 1964, fe brynwyd Clogau, hen ffermdy i fyny uwchben Pontdolgoch ac wyth deg erw o dir gydag o. Er ei fod yn llawer nes at

Rhai o'r ffrogiau syml cyntaf

215

Garno, roedd dwy filltir o ffordd wledig, gul i gyrraedd ato o Bontdolgoch ei hun. Ond er gwaethaf unigrwydd y lle a'i uchder ar 1,500 troedfedd roedd y teulu cyfan wrth eu boddau yn Clogau. Ar ôl cyrraedd yno y ganed Emma, yr ieuengaf o'r plant.

Roedd y ffatri ar fin symud hefyd gan fod Tŷ Brith yn mynd yn llawer rhy fach. Diolch i'r fwyell a ddisgynnodd ar reilffyrdd gwledig roedd gorsaf Carno yn wag ers 1965, ac yn 1967 symudodd cwmni Laura Ashley yno. Dyma yn union yr oedd Bernard wedi bod yn chwilio amdano: safle eithaf sylweddol ond un y gallai ei ehangu i sawl cyfeiriad. Bu'r twf wedyn yn rhyfeddol:

> Oedd hi'n rhedeg bysus o Drenewydd i bobl Drenewydd ddod fyny achos oedd lot o bobl ddim yn gallu dreifio amser hynny, ac oedd y bysus yn dod â phobl o Fachynlleth, Drenewydd, Llanidloes.
>
> Un o'r cyn-weithwyr

Byddai'r cwmni'n defnyddio'r swyddfa bost leol i anfon eu cynnyrch allan i bob rhan o'r byd ac yn y diwedd roedd cymaint o barseli yno bob dydd fel bod Swyddfa'r Post wedi gorfod adeiladu estyniad yn arbennig i barseli Laura Ashley.

Fel y soniwyd eisoes roedd gwerthoedd Laura yn ganolog i'r busnes, a'i pharch at ei staff yn allweddol. Iddi hi, roedd gweld mam yn cael yr hawl i fagu ei theulu yn greiddiol i gymdeithas. Fe lwyddodd hi ei hun i wneud hynny, er mor anodd oedd hi ar brydiau, ond roedd yn benderfynol o roi'r cyfle hwnnw i'w staff hefyd.

> Achos bod ni wedi cael plant doedd hi ddim isio i ni adael y cwmni, ac mi wnaeth hi ofyn fysen ni'n licio gwneud gwaith gartref.
>
> Morfydd Lewis

Oedden nhw'n dod â gwaith dydd Llun, ac wedyn pan oedd y plant yn mynd i'r gwely o'n i'n gallu mynd i wnïo. Ar ôl i ni eu diwedd nhw, oedden ni jest yn dweud 'They're ready' a fysen nhw'n dod i'w pigo nhw fyny.

Rosina Corfield

Os oedd gennoch chi blant oeddech chi'n gallu cychwyn am naw o'r gloch a gorffen tua chwarter i dri i neud yn siŵr eich bod chi'n pigo'r plant o'r ysgol. *So* oedd y teulu yn bwysig iddi hi ac oedd hi'n edrych ar ein hôl ni ac oedden ni'n ei helpu hi allan.

Morfydd Lewis

Roedd teyrngarwch o'r ddwy ochr yn allweddol felly, ond yn ganolog i lwyddiant y busnes roedd y berthynas rhwng Bernard a Laura. Ar yr wyneb roedden nhw'n ymddangos yn gwpl perffaith, yn cydweithio tuag at lwyddiant eu teulu, ond o dyrchu ychydig yn ddyfnach doedd pethau ddim mor baradwysaidd.

Oedd o'n meddwl mai fo oedd y bòs, ond 'swn i'n deud, ar ddiwedd y dydd, oedd hi'n gadael iddo fo feddwl mai fo oedd y bòs ond hi oedd â'r *final say* 'swn i'n deud. Hefo'r *buildings* a ballu, fo oedd yndê, ond mor belled â *design* a be oedden ni'n mynd i'w wneud nesaf, hi oedd.

Jon Griffiths

Roedd pawb yn gwybod bod gan Bernard dymer fel matsien a byddai Laura yn ofalus iawn na fyddai'n gwneud dim i danio ei dymer. Ond fe ddigwyddodd hynny, er gwaethaf ei hymdrechion, sawl tro. Digwyddodd un o'r achlysuron hynny pan oedd Laura wedi hoffi patrwm newydd ac wedi gofyn i un o'r gweithwyr roi cynnig ar ei brintio. Gofynnodd i'r gweithiwr fynd ati i'w gynhyrchu

Un o siopau Laura Ashley heddiw

heb ofyn barn Bernard am y peth. Pan welodd Bernard y defnydd roedd o'n lloerig ac fe roddodd gyllell trwy'r sgrin sidan a dyna ben arni, diwedd y patrwm. Yn hollol nodweddiadol o'u perthynas, ddywedodd Laura ddim.

Roedd y gweithwyr yn ymwybodol iawn o'i natur:

Cadw o'r ffordd dwi'n meddwl oedd y gorau, rownd y gornel, neu rywbeth, o'r golwg.

Jon Griffiths

Gwahanol iawn oedd yr agwedd at Laura. Cofio ei charedigrwydd mae ei chyn-weithwyr, fel Derrick Pugh. Fo fyddai'n gyrru car y cwmni yn aml iawn, ac un tro fe laniodd potel o laeth ar y car a'i grafu. Rhoddodd Laura ei llaw ar y crafiad gan ddweud wrtho am beidio â chrybwyll y peth wrth Bernard, a'i bod yn siŵr fod y crafiad yno o'r blaen – gan awgrymu, wrth gwrs, na fyddai ei gŵr yn gallu anwybyddu'r peth mor rhwydd! Mae'n ymddangos bod Laura wedi gorfod treulio ei hoes yn cadw'r ddysgl yn wastad ac yn osgoi pob sefyllfa a allai gynddeiriogi Bernard. Dyna pam, mae'n debyg, ei bod hi wedi gwrthod yr OBE. Doedd hi ddim am i Bernard deimlo nad oedd o'n cael yr un gydnabyddiaeth â hithau. Pan ddyfynnwyd eu mab, Nick, mewn erthygl yn y *Daily Mail* yn 1984, pan ddywedodd: 'My mother is totally subservient to my father. She says "yes" to everything,' roedd Bernard a Laura yn lloerig. Fel hyn y dywedodd Nick am ei dad:

> He's fantastic at working with a team. He'll solve any problem but he has to be king of the jungle ... People stand bolt upright in terror when he appears, but it's respectful terror.

Tybed oedd Nick wedi mentro'n rhy agos at y gwir, ac mai hynny oedd yn brifo mewn gwirionedd?

Mae'r cwestiwn yn codi, pam ei bod hi wedi aros gydag o mewn perthynas allai fod yn stormus? Ond mae'r ateb yn syml iawn:

> Really because she loved him. He was full of charisma and really she wanted no one else but him, and it must have been terribly hard to achieve what she wanted and yet everyone in the business knew exactly what Laura wanted.
>
> Anne Sebba, cofiannydd Laura

Un o'r pethau yr oedd Laura wedi bod yn pwyso amdano ers blynyddoedd oedd agor siop yn Llundain i'w dillad a'u cynnyrch gael digon o sylw. Er nad oedd Bernard yn awyddus i wneud hynny ar y dechrau, yn raddol fe lwyddodd Laura i'w ddarbwyllo. Agorodd y siop yn 1968 ond tawel iawn oedd pethau am y chwe mis cyntaf nes i'r cwmni benodi rheolwraig newydd a sylweddolodd yn syth mai'r ffrogiau llaes, rhamantus oedd fwyaf poblogaidd. Trefnodd Bernard ymgyrch hysbysebu trwy osod posteri o ffrogiau'r cwmni ar system y trenau tanddaearol yn

Llundain. Roedd yr effaith yn rhyfeddol. Dros nos roedd ciwiau yn ffurfio tu allan i'r siop a phawb am gael gafael ar y ffrogiau. Rhain oedd y ffrogiau oedd wedi eu seilio ar yr hen *ballgown* ers talwm:

Mae gennon ni baneli lês am y tro cyntaf yn dod i mewn i'r cynlluniau ... a thema chwedlau ar y print i gyd, a llawer mwy lliwgar.

Kathy Gittins, arbenigwraig ffasiwn

Cyrhaeddodd apêl y ffrogiau yn ôl i Gymru hefyd a sêr y cyfnod yn hoff iawn o'u gwisgo:

Dwi'n meddwl mai'r apêl oedd eu bod nhw mor wahanol. Roedd 'na fwrlwm ar y stryd am Laura Ashley. Ddim i wisgo i'r dref efallai, ond y ffrogiau hir, oedden nhw'n rhywbeth sbesial dwi'n meddwl ... Dwi'n cofio prynu'r ffrog fawr yma, oedd yn rîli trwm, o'n i'n meddwl bod y ddraig goch arno fe, ond blaidd yw e mae'n debyg. I fi, oedd y ffrogiau o'n i'n eu prynu yn Laura Ashley yn werinol. Oedd e'n edrych yn dda gyda gitâr ... Oedd jest yr enw Laura Ashley yn creu awyrgylch i fi yn yr hen ddyddiau.

Heather Jones, cantores

Dyma'r cyfnod pan ehangodd y cwmni dros y byd. Erbyn 1975 roedd gan gwmni Laura Ashley ddeugain o siopau, tair ffatri, dros 1,000 o staff a throsiant o bum miliwn o bunnau. Er bod y cwmni yn cynhyrchu cymaint o ddillad roedd llawer o'r defnydd yn dal yn cael ei wastraffu o hyd, cymaint fel eu bod yn gorfod ei losgi yng Ngharno. Pan welodd Laura hyn penderfynodd werthu *remnants*, sef y darnau hynny nad oedd y cwmni ei hun yn gallu eu defnyddio. Taniodd hyn eto ddiddordeb y cwsmeriaid nes

y bydden nhw'n ymladd
bron am rai rholiau o'r
defnydd. Ateb arall i'r
gwastraff oedd cynhyrchu
darnau ar gyfer clytwaith.
Roedd hwn yn waith
delfrydol ar gyfer y rhai
oedd yn gweithio o gartref.
Ond fe drodd y syniad
hwnnw yn fwy o faich na'i
werth gan ei bod yn
cymryd cymaint o amser i

*Ffion Hague yn arddangos ffrog debyg i un
y bu hi'n ei gwisgo*

ddewis y darnau amrywiol i'w rhoi yn y pecynnau ac mai
dim ond ychydig geiniogau oedd eu gwerth ar y farchnad,
ond eto roedd Laura yn benderfynol o barhau gan ei fod yn
weithgaredd oedd yn cyd-fynd mor dda â holl ethos y
cwmni.

Dymuniad Laura oedd gwerthu breuddwyd wledig,
ddelfrydol i'w chwsmeriaid, fel y dywedodd ei hun: 'Our
inspiration is totally with rural life as it can be lived.' Er
mwyn creu'r ddelfryd gyflawn trodd y cwmni at gynhyrchu
pob math o ddefnyddiau ar gyfer y tŷ, gan gynnwys papur
wal. Cwmni Laura Ashley oedd y cyntaf i fentro o'r byd
ffasiwn i'r maes hwn.

Yn sgil llwyddiant y cwmni daeth Laura yn ddynes
gyfoethog iawn a byddai prynwyr pwysig yn ymweld â'r
cwmni a'r teulu yn gyson. Nid oedd Clogau yn ddigon
mawr ac nid oedd cyfle yno i arddangos holl ddelfryd cefn
gwlad ar ei gorau. Yr eiliad y sylweddolodd Bernard hynny,
dechreuodd chwilio am dŷ newydd a dyna pam y prynwyd
Rhydoldog. Plasty 30 llofft yn Llansanffraid Cwmdeuddwr
yw Rhydoldog, ac er nad yw'n arbennig o hardd roedd yn
cynnig cyfle i'r cwmni ddangos ei holl gynnyrch ar ei orau.
O'r diwedd roedd gan Bernard a Laura y modd i fyw bywyd

moethus, gyda *château* yn Ffrainc, tai yn Llundain, Brwsel a Provence, cwch a hofrennydd. Ond doedd bywyd ddim yn fêl i gyd chwaith. Oherwydd eu pryder y gallai treth marwolaeth lethu'r cwmni'n llwyr petai un ohonyn nhw'n marw – y byddai'r cwmni yn cael ei rannu ac na fyddai'n gallu goroesi hynny – penderfynodd y ddau symud i Ffrainc. Roedd y cyfryngau ar eu holau am hynny ar unwaith gan honni mai symud i osgoi talu trethi yr oedden nhw. Ar ôl cyrraedd Ffrainc bu'n rhaid i'r ddau fyw mewn gwesty am fisoedd lawer tra oedd y *Château Remaisnil* yn cael ei adnewyddu ac roedd eu pellter o Garno a'r stiwdio ddylunio a'r holl sefyllfa yn ormod i Laura:

> Laura's anger would usually come in an icy blast on the telex for all to see, invariably concerned with a project she had decided she no longer approved of. It was like a burning spear going through you, you felt sick for three days. She could denigrate one's whole being into nothingness... I would forgive her because I would feel she was really unhappy to behave like that.
>
> Un o ddylunwyr cwmni Laura Ashley

Dwy o'r ffrogiau fu mor boblogaidd yn eu dydd

Roedd llwyddiant y cwmni yn ddiamheuol erbyn hyn ac roedd ganddynt ddigonedd o staff i fod yn gyfrifol am bob agwedd o'r gwaith, er nad oedd dim yn digwydd heb gydsyniad Bernard a Laura wrth gwrs. Ond roedd rhyddid newydd iddyn nhw weithio ar brosiectau ychydig yn wahanol. Un o'r prosiectau hynny, i Laura, oedd hybu gwlanen Gymreig. Byddai'n prynu'n gyson o felin wlân y Cambrian a thrwy ei chefnogaeth hi llwyddodd y felin i gyflogi mwy o staff. Ymhen blynyddoedd wedyn sylweddolodd y cwmni nad am resymau busnes yr oedd Laura yn eu cefnogi, ond am resymau mwy elusennol.

Yn 1985, ar achlysur ei phen-blwydd yn 60 oed, aeth Bernard a Laura, mam Laura a Mary, ei chwaer, i ddathlu yng nghartref newydd Jane, eu merch. Erbyn hynny roedd Laura yn nain i ddau blentyn bach: un yn America, sef merch David, a mab Jane oedd newydd ei eni. Yn ystod y nos fe syrthiodd Laura i lawr y grisiau yn y bwthyn yn swydd Gaerloyw, ac ymhen naw diwrnod bu farw. Cludwyd ei chorff yn ôl i Garno ac yno mae wedi ei chladdu.

Carreg fedd Laura yng Ngharno

Trwy gyfrwng gweledigaeth unigryw Laura Ashley enillodd Carno a Chymru le canolog ar fap byd ffasiwn y cyfnod, ond wedi ei marwolaeth pylodd disgleirdeb y cwmni a llaciodd ei gyswllt â Chymru. Cwmni o Malaysia sydd yn rheoli erbyn hyn. Er hynny, mae enw Laura Ashley yn dal i'w weld dros y byd.

Darllen Pellach

1. Frances Hoggan – 'Women in Medicine' gan Frances Elizabeth Hoggan yn *The Woman Question in Europe* Theodore Stanton (Sampson Law, Marston, Searle a Rivington, Llundain, 1884)

2. Cranogwen – *Cofiant Cranogwen,* y Parch D. G. Jones (Caernarfon, 1932)

3. Grace Williams – *Grace Williams,* Malcolm Boyd (Gwasg Prifysgol Cymru ar ran Cyngor Celfyddydau Cymru, 1980)

4. Gwen John –
   Gwen John, Alicia Foster (Tate Gallery Publishing, 1999)
   Gwen John: A Life, Sue Roe (Vintage, 2002)
   Gwen John: Letters and Notebooks, Ceridwen Lloyd-Morgan (Tate Publishing mewn Cydweithrediad a Llyfrgell Genedlaethol Cymru, 2004)

5. Laura Ashley – *Laura Ashley: A Life by Design,* Anne Sebba (Weidenfeld & Nicolson, Llundain, 1990)

6. Augusta Hall – Erthyglau Maxwell Fraser yng *Nghylchgrawn Llyfrgell Genedlaethol Cymru,* 1960-1970

7. Chwiorydd Davies, Gregynog – *A Gift of Sunlight: The fortune and quest of the Davies sisters of Llandinam,* Trevor Fishlock (Gomer, 2014)

8. Betsi Cadwaladr – *Betsy Cadwaladyr: A Balaclava Nurse,* Jane Williams (Ysgafell) (Honno, Caerdydd 1987, ailargraffiad)